W0063571

AUS LIEBE ZUM LANDLEBEN

Grillen und draußen essen

AUS LIEBE ZUM LANDLEBEN

Grillen und draußen essen

von
Claudia Daiber

Dort-Hagenhausen-Verlag

Inhalt

Vorwort

Kaum wärmen uns die ersten Sonnenstrahlen, zieht es uns in die Natur – und dies nicht nur um Sport zu treiben oder spazieren zu gehen, sondern auch um uns draußen zu erholen, zu feiern und zu essen, egal ob beim Grillen im Garten oder beim Picknick. Dieser Trend ist ungebrochen, ja scheint sich sogar zunehmender Beliebtheit zu erfreuen. Vor allem das Zubereiten von Speisen im Freien ist so beliebt wie nie. Darf man den Statistiken glauben, dann frönen in den warmen Sommermonaten sage und schreibe mehr als 70 Prozent der Deutschen dem Grillen. Es haben sich regionale und überregionale Grillclubs gebildet, ja es werden sogar Weltmeisterschaften im Grillen ausgetragen. Dabei kommt nicht nur die obligatorische Wurst auf den Rost, obwohl sie unbestritten der Favorit bei Deutschlands „Grillmeistern" ist.

Warum sind die Menschen so fasziniert vom offenen Feuer, was hat sie derart für diese archaische Art der Zubereitung erwärmt? Es ist eine uralte Faszination, die das Feuer auf die Menschen ausübt. Es ist der Schlüssel überhaupt für die Entwicklung des Menschen, denn erst mit der Macht, das Feuer zu beherrschen, hat er sich über die anderen Lebewesen erhoben. Darüber hinaus befriedigte es seine Sehnsucht nach Wärme, nach Schutz und Geborgenheit.

Dabei waren es ursprünglich keine ausgeklügelten Rezepte, die Zubereitung der Speisen fand stets im Freien statt und diente allein der Nahrungsaufnahme. Von dieser Befriedigung eines ursprünglichen Triebes haben wir uns längst entfernt. Wir wollen genießen, wollen immer Neues ausprobieren und uns dabei auch noch gesund und abwechslungsreich ernähren.

Dieses Buch soll Ihnen einen Einblick in die Welt der „Naturküche" geben und Sie zu eigenen Kreationen inspirieren. Wir wollten ein Buch machen, das den besonderen Produkten der einzelnen Regionen Deutschlands Rechnung trägt, das Sie einlädt, sich über das normale „Grilleinerlei" zu erheben und über den eigenen Tellerrand hinwegzuschauen. Auch für das spontane Picknick oder das geplante Freizeitevent haben wir vielfältige Anregungen parat.

Essen am Feuer
„Geselligkeit und
Urwüchsigkeit"

Am Anfang war das Feuer …

... und stets hat es die Menschen in seinen Bann gezogen, obwohl es ihnen ursprünglich nur seine zerstörerische Seite präsentiert hat und eher Furcht einflößend gewirkt haben muss. Als die Menschen aber gelernt haben, die Flammen zu beherrschen, konnten sie auch deren wohltuende Eigenschaften genießen. Für viele ist Feuer heute der Inbegriff von Romantik und Abenteuer. Es weckt die Sehnsucht nach Nähe, es wärmt Körper und Seele und verbindet die Menschen, die sich um es scharen. Die meisten beginnen zu träumen, wenn sie versonnen in flackernde Flammen blicken, sie fühlen sich behütet, wenn es nach Holz und Harz duftet und anheimelnd knistert. Ein Lagerfeuer ist die ursprünglichste Form des kontrollierten Feuers und es hat für viele von uns nichts an Faszination verloren.

Abenteuer Lagerfeuer

Früher haben wir unsere Jugendfreizeiten jeden Abend mit einem Lagerfeuer beendet. Damals war es noch normal, dass man seine Zelte bei einem Bauern auf der Wiese aufschlagen und dort auch ein Feuerchen entfachen durfte. Heute ist das nicht mehr ganz so einfach. Aber dennoch: In vielen Gemeinden gibt es öffentliche Grill- oder Lagerfeuerplätze. Wo sie sich befinden, kann man bei der jeweiligen Gemeindeverwaltung erfahren. Für größere Städte findet man im Internet sogar Karten, auf der solche öffentlichen Feuerstellen eingetragen sind.

Bevor Sie aufbrechen, sollten Sie sich überlegen, was Sie bereits zu Hause vorbereiten können. Sie können beispielsweise alle Zutaten waschen und eventuell schon zerkleinert in gut verschließbaren Schüsseln mitnehmen. Auch Salate lassen sich vorbereiten. Nehmen Sie das Dressing für Blattsalate in einem Schüttelbecher mit, damit Sie den Salat kurz vor dem Essen anmachen können. Nudel-, Reis- oder Gemüsesalate können Sie bereits mit dem Dressing mischen, vorausgesetzt sie sind nicht zu lange Zeit großer Hitze ausgesetzt.

Allerdings gelten gewisse Regeln für die Benutzung solcher Plätze, die man aus Brandschutzgründen in jedem Fall einhalten muss. Was genau man zu beachten hat, was erlaubt und was verboten ist, erfährt man bei der zuständigen Stelle.

Einen geeigneten Ort wählen

Eigentlich versteht es sich ja von selbst: Ein Lagerfeuer sollte man grundsätzlich nur dort entfachen, wo keine Brandgefahr herrscht – es sollten also keine dürren Gräser oder Büsche in der Nähe sein oder dürre Zweige von Bäumen in das Feuer hängen. In jedem Fall empfiehlt es sich, das Feuerholz in eine Kuhle zu legen, die man zusätzlich noch mit großen Steinen umlegt, damit das Feuer sich nicht ausbreiten kann. So gesichert kann eigentlich nichts passieren. Holz muss man meist selbst mitbringen – Äste und Reisig, die im Wald am Boden liegen, darf man aufklauben und mitnehmen. Sie sollten möglichst trocken sein, denn frischer, noch grüner Abbruch brennt schlecht. Zum Anzünden werden die Zweige so aufgeschichtet, dass sich eine kleine Pyramide ergibt. Brennt das Feuer, zieht man das Holz sternförmig auseinander, damit man besser kochen kann.

Spaß und Romantik pur

So ein Lagerfeuer ist ein riesen Spaß für die ganze Familie – vor allem Kinder finden es natürlich spannend und abenteuerlich, ein eigenes Feuer zu entzünden. Allerdings sollte man gerade sie zur Vorsicht im Umgang mit dem Feuer mahnen, denn schnell ist im Übermut eine Dummheit passiert. Benutzen Sie beim Grillen oder fürs Lagerfeuer niemals Brennspiritus, auch von flüssigen Grillanzündern ist abzuraten, weil die Unfallgefahr bei unsachgemäßem Gebrauch wirklich hoch ist. Und so ein Lagerfeuer sollte man doch auch selbst in Gang bringen können – nur dann kann man so richtig stolz darauf sein, oder nicht?

Wenn Sie am Abend ein Lagerfeuer planen, was natürlich besonders stimmungsvoll ist, können Sie zusätzlich für illustre Beleuchtung sorgen: Hängen Sie Lampions in Bäume oder stecken Sie Fackeln in den Boden (auch hier müssen Sie natürlich darauf achten, dass sich nichts entzünden kann). Ungefährlicher ist es, wenn Sie Windlichter in Gläsern aufstel-

len. Solche Windlichter gibt es inzwischen in vielen Variationen auch mit Stäben, die man in den Boden stecken kann, dann können sie nicht umfallen.

Was man sonst noch braucht

Nehmen Sie auf jeden Fall geeignete Sitzgelegenheiten wie Kissen und Decken mit. Denken Sie an Geschirr, Gläser, Besteck, Papierservietten und eventuell ein Tischtuch. Je nachdem, was es zum Essen gibt, sollten Sie zusätzliche Messer, Salatbestecke, Vorlegelöffel und Gabeln, Flaschenöffner und Korkenzieher dabei haben. Streichhölzer oder Feuerzeug nicht vergessen, ebenso Ersatzwindlichter und eventuell Taschenlampen, Küchenrollen und Küchentücher, Plastikwannen für das schmutzige Geschirr und Mülltüten für den Abfall. Es ist eine Selbstverständlichkeit, dass der ganze Müll anschließend wieder mitgenommen und die Feuerstelle in einem ordentlichen Zustand verlassen wird.

Für Fleisch, Fisch und Getränke müssen Sie unbedingt ausreichend Kühlmöglichkeiten schaffen. Ganz natürliche ergeben sich, wenn Sie sich in der Nähe eines Sees oder eines Flusses aufhalten. Dann können Sie zum Beispiel die Getränkekisten in die Fluten stellen (eventuell müssen Sie für eine Befestigung sorgen). Aber auch einzelne Flaschen können auf diese Weise gekühlt werden, so lange sie noch verschlossen und entsprechend befestigt sind.

Bei den Lebensmitteln ist das nicht ganz so einfach. Sie müssen in Kühltaschen aufbewahrt werden. Dafür sollten Sie schon am Vortag genügend Kühlakkus im Gefrierschrank kühlen. Eventuell müssen Sie sich zusätzliche Kühltaschen/-akkus bei Freunden und Bekannten leihen. Achten Sie bei der Auswahl des Ortes darauf, dass ausreichend Schatten vorhanden ist, wo Sie ihre Kühltaschen platzieren können.

Hilfreiche Utensilien

Es gibt einige hilfreiche Utensilien fürs Lagerfeuer, die man sich aber nur anschaffen sollte, wenn man öfters ein Lagerfeuer organisiert. So ist etwa eine Feldkochstelle empfehlenswert, auf die man einen Topf oder eine Pfanne stellen kann. Das eröffnet natürlich enorme Möglichkeiten für eine Vielfalt an Gerichten. Ebenfalls praktisch sind Halterungen mit Spieß für Spießbraten, Spanferkel und andere große Braten.

Die meisten Gerichte in diesem Kapitel lassen sich jedoch mit ganz einfachen Mitteln nachkochen, sodass keine Zusatzkosten entstehen.

Essen am Feuer

Dass man am Lagerfeuer ein Würstchen braten kann, ist kein Geheimnis. Aber wer will sich schon von Würstchen ernähren?

Im folgenden Kapitel finden Sie einige Rezepte für Speisen, die man direkt am Feuer zubereiten kann und solche, die dieses Lagerfeuer-Essen perfekt ergänzen. Bereiten Sie Teige, Salate oder einzelne Zutaten zu Hause vor und verpacken Sie alles in fest schließende Schüsseln. Dann kann es vor Ort gleich losgehen.

Spieße schnitzen

Will man etwas am offenen Feuer garen, braucht man einen langen Spieß, mit dem man die Speisen übers Feuer halten kann. Diese Spieße sollen die Hitze nicht leiten und natürlich nicht brennbar sein. Geeignet sind Spieße aus grünem Holz. Nehmen Sie etwa 1 m lange, grüne Zweige, die stabil, aber biegsam sind. Spitzen Sie die Zweige an einer Seite mit einem scharfen Messer an (immer vom Körper weg schnitzen) und legen Sie sie dann für mindestens eine Stunde in Wasser.

So gelingt das Lagerfeuer
Checkliste für ein sicheres Lagerfeuer

- Immer erst abklären, ob ein Feuer erlaubt ist, wenn es sich nicht um den eigenen Grund handelt.
- Bei Waldbrandgefahr ist ein Lagerfeuer verboten.
- Geeigneten Untergrund wählen: nicht auf Gras (Brandflecken), nicht auf Felsen (der kann springen).
- Geeignet sind kiesiger, sandiger oder lehmiger Untergrund.
- Den Standort entsprechend auswählen – es dürfen keine brennbaren Gegenstände in der Nähe sein.
- Die Feuerstelle in einer Vertiefung anlegen und mit großen Steinen begrenzen, allerdings keine Steine aus dem Wasser oder mit sichtbaren Rissen wählen, die können springen (Verletzungsgefahr).
- Zum Anheizen eine kleine Pyramide errichten (große kippen leicht), das Holz dann sternförmig anordnen, so verbraucht man weniger Holz und man kann damit besser kochen.
- Feuer nie unbeaufsichtigt lassen!
- Auf den Funkenflug achten!
- Wasser zum Löschen bereithalten!
- Alle brennbaren Gegenstände von der Feuerstelle fernhalten – Decken, Kleidungsstücke, Zelte dürfen sich nicht zu nahe am Feuer befinden (Funkenflug).
- Feuer immer mit Wasser oder Sand löschen, bevor man die Feuerstelle verlässt. Vorsicht: Beim Löschen mit Wasser können Steine springen. Verletzungsgefahr!
- Holz, das übers Feuer gehalten wird, vorher lange wässern und natürlich nur grünes Holz nehmen.
- Zum Kochen nur feuerbeständige Materialien verwenden.

Tomaten-Ziegenkäse-Spieße

für 4 Personen
24 Cocktailtomaten
300 g Ziegengouda (eine ca. 1,5 cm
dicke Scheibe schneiden lassen)
12 Scheiben durchwachsener Speck
8 Holzspieße

Die Tomaten waschen. Den Ziegengouda in 24 gleich große Würfel schneiden. Den Speck von Schwarte und Knorpeln befreien und die Scheiben längs halbieren. Die Käsewürfel in die Speckstreifen einwickeln. Das können Sie zu Hause vorbereiten.
Je 3 Tomaten und 3 Speck-Käse-Würfel auf Spieße stecken. Die Spieße so lange über das Feuer halten, bis alle Zutaten warm sind – die Tomaten sollen nicht platzen.

Spießbrot

für 8 Stück
250 g Weizenvollkornmehl
250 g Dinkelvollkornmehl
½ Würfel Hefe
5 EL Olivenöl
1 TL Salz
1 Ei
1 Zweig frischer Rosmarin
4 eingelegte, getrocknete Tomaten
8 schwarze Oliven ohne Stein
3 EL geriebener Parmesan

200 ml Wasser lauwarm erwärmen. Das Mehl in eine Schüssel geben und eine Vertiefung hineindrücken. Die Hefe zerbröseln und in die Vertiefung geben, mit etwas Wasser und Mehl verrühren. Den Teig zugedeckt an einem warmen Ort etwa 15 Minuten gehen lassen. Das Öl dazugeben. Salz, Ei und restliches Wasser hinzufügen und alles mit den Knethaken des Handrührgerätes zu einem geschmeidigen Teig verkneten. Den Teig zur Kugel formen und zugedeckt an einem warmen Ort etwa 30 Minuten gehen lassen. Den Rosmarin waschen und trocken schütteln, die Nadeln abstreifen und fein zerkleinern. Die Tomaten und die Oliven fein hacken. Den Käse, die Rosmarinnadeln, Tomaten- und Olivenstücke unter den Teig kneten. Den Teig auf bemehlter Arbeitsfläche durchkneten und in 8 gleich große Stücke teilen. Die Stücke zu etwa 20 cm langen Rollen formen. Die Rollen mit Mehl bestäuben und nebeneinander in eine ausreichend große Form legen. Lassen Sie genügend Platz zwischen den Teigstücken, denn sie gehen noch weiter auf.
Jede Teigrolle spiralförmig um einen vorbereiteten Holzspieß wickeln. Die Spießbrote mit etwas Wasser bestreichen und über der Glut etwa 20 Minuten unter ständigem Wenden backen.

Spießbrot oder auch Stockbrot schmeckt auch in der einfachen Variante ohne extravangante Zutaten. Gerade auf Grillfesten mit Kindern ist es äußert beliebt.

Folienkartoffeln mit Kürbisdipp und Pilzbutter

für 4 Personen
4 große Kartoffeln
4 große Stücke Alufolie
Öl

für den Kürbisdipp
250 g gegartes Kürbisfleisch
(Hokkaido)
250 g Frischkäse
2 Knoblauchzehen
Salz, Pfeffer, Cayennepfeffer

für die Pilzbutter
125 g weiche Butter
1 Schalotte
200 g frische Pilze
2 Stängel frische Petersilie
1 EL Sonnenblumenöl
Salz, Pfeffer

Die Kartoffeln waschen und trocken reiben, mit einer Gabel rundum mehrmals einstechen. Die Alufolie mit Öl bestreichen und die Kartoffeln darin einwickeln. In die Glut legen und etwa 60 Minuten garen.

Für den Kürbisdipp das gegarte Kürbisfleisch mit dem Frischkäse pürieren. Den Knoblauch schälen und dazupressen. Alles vermengen und die Masse mit Salz, Pfeffer und Cayennepfeffer pikant abschmecken.

Für die Pilzbutter die Butter in kleine Stücke schneiden oder mit einer Gabel zerdrücken. Die Schalotte schälen und fein hacken. Die Pilze putzen und ebenfalls fein hacken. Die Petersilie waschen und die Blättchen fein zerkleinern.

Das Öl in einer beschichteten Pfanne zerlassen. Schalotte, Pilze und Petersilie darin braten, bis die Schalotte weich ist.

Die Pilzmischung etwas abkühlen lassen, dann unter die weiche Butter mischen und diese mit Salz und Pfeffer würzen.

Alles lässt sich zu Hause wunderbar vorbereiten und mitnehmen.

Kürbiskernöl-Tomaten-Topfen

für 4 Personen
2 EL Kürbiskerne
6 eingelegte getrocknete Tomaten
1 rote Chilischote
1 Knoblauchzehe
½ Bund Schnittlauch
250 g Topfen (40 % Fett)
2 EL Kürbiskernöl
Salz

Die Kürbiskerne in einer beschichteten Pfanne rösten, bis sie duften, dann beiseite stellen. Die eingelegten Tomaten sehr fein hacken. Die Chilischote waschen, putzen, vom Stielansatz und den weißen Kernen befreien und sehr fein zerkleinern. Die Knoblauchzehe schälen und durchpressen.

Den Schnittlauch waschen, trocken schütteln und in feine Röllchen schneiden. Die gerösteten Kürbiskerne grob hacken. Den Topfen mit dem Kürbiskernöl und den vorbereiteten Zutaten verrühren und den Aufstrich mit Salz abschmecken.

Gefüllte Würstchen

für 4 Personen

4 Bockwürstchen

2 Scheiben Gouda

4 Scheiben durchwachsener Speck

4 Holzspießchen

Die Würstchen längs auf-, aber nicht durchschneiden. Den Gouda längs in schmale Streifen schneiden. Die Scheiben in die Würstchen klemmen.

Den Speck von Schwarte und Knorpeln befreien und die Würstchen damit umwickeln. Die Enden mit einem Holzspießchen fixieren.

Die Würstchen auf vorbereitete Holzspieße stecken und über der Glut unter ständigem Wenden garen.

Statt der Speckstreifen kann man auch Lauchstreifen nehmen – das bietet sich vor allem dann an, wenn die Würstchen selbst schon ziemlich viel Fett enthalten.

Spießbraten

für 4–6 Personen
2 kg Schweinenacken
je ½ Bund Petersilie, Schnittlauch,
Thymian, Basilikum, Oregano,
Estragon
2 Zweige Rosmarin
6 Salbeiblätter
2 Knoblauchzehen
1 EL Olivenöl
1 EL Dijonsenf
Salz, Pfeffer

Den Schweinenacken kalt abwaschen und trocken reiben, dann längs einschneiden, aber nicht durchschneiden. Die Kräuter waschen und trocken schütteln. Die Blättchen abzupfen und fein zerkleinern.

Den Knoblauch schälen und durch die Presse drücken, mit den Kräutern, dem Olivenöl und dem Senf vermischen. Den Schweinenacken auf der Innenseite der Schnittfläche mit Salz und Pfeffer würzen und mit der Kräutermischung bestreichen.

Den Schweinenacken wieder zusammenklappen und mit Küchengarn fest umwickeln. Den Braten so vorbereitet mitnehmen.

Vor Ort den Braten auf einen Metallspieß stecken und auf einer speziellen Vorrichtung über das Feuer hängen.

Den Braten unter ständigem Drehen garen. Dazu passt gegrilltes Gemüse oder Kartoffelsalat.

Biergarten-Steckerlfisch

für 4 Personen
4 Weißfische, küchenfertig
zubereitet
1 unbehandelte Zitrone
Salz, Pfeffer
Mehl

Die Fische außen und innen waschen. Die Zitrone heiß abwaschen und trocknen. Die Schale fein abreiben, den Saft auspressen. Die Fische innen und außen mit dem Zitronensaft beträufeln und mit Salz und Pfeffer würzen. Das Mehl mit der Zitronenschale vermengen und die Fische darin wenden. Die Fische so vorbereitet mitnehmen. Die Fische auf die vorbereiteten Stecken spießen und diese nahe beim Feuer schräg in den Boden stecken, sodass die Fische sich über der Glut befinden. Die Fische unter mehrmaligem Wenden garen. Sie sollen rundum gebräunt sein. Wie lange das dauert, hängt von der Größe der Fische und der Hitze der Glut ab.

Tipp: Statt Weißfischen schmecken auch Makrelen. Klassisch ist die Zugabe von Zitronenschale zum Mehl natürlich nicht, sie gibt aber einen feinen, frischen Geschmack.

Auberginenröllchen

für 4 Personen
2 Auberginen
Salz, Pfeffer
3 Zweige frischer Thymian
1 Knoblauchzehe
5 EL Olivenöl
400 g Schafskäse

Die Auberginen waschen und längs in etwa ½ cm dicke Scheiben schneiden. Die Scheiben mit Salz und Pfeffer würzen.

Den Thymian waschen, trocken schütteln und die Blättchen abzupfen. Den Knoblauch schälen und durch die Knoblauchpresse drücken. Knoblauch und Thymian mit dem Öl vermischen und die Auberginenscheiben damit bestreichen.

Den Schafskäse in etwa 2 x 3 cm große Stücke schneiden und diese in die Auberginenscheiben einrollen.

Die so vorbereiteten Rollen auf vorbereitete Holzspieße stecken und über der Glut unter ständigem Wenden garen.

Tipp: Wer wenig Zeit hat, bestreicht die Auberginenscheiben mit fertig gekauftem Pesto.

Fleisch vom heißen Stein

für 4 Personen
800 g gemischte Fleischstücke
(Hähnchenbrust-, Kalbs-, Schweine-
und Rinderfilet)
Kokosöl
Salz, Pfeffer
mehrere glatte Steine

Die Steine waschen, abbürsten und trocknen lassen. Sie sollten darauf achten, dass die Steine sehr glatt sind.

Das Fleisch in nicht zu dicke Scheiben schneiden. Die Steine ins Feuer legen und erhitzen.

Die Steine mit einer Grillzange aus dem Feuer nehmen und dicht neben die Glut legen. Sie sollen warm bleiben. Mit dem Öl benstreichen.

Die Fleischstücke auf die Steine legen und von beiden Seiten braten, dann mit Salz und Pfeffer würzen.

Überraschungsbrötchen

Die Vollkornsemmeln halbieren und die Brotkrumen herauslösen, sodass ein Hohlraum entsteht. Die Brotkrumen fein zerkleinern.

Die Paprikaschote und die Frühlingszwiebeln waschen, putzen und fein zerkleinern. Die Egerlinge putzen und ebenfalls in kleine Würfel schneiden.

Das Gemüse mit der Hälfte der Brotkrumen, dem Gemüse und dem Topfen vermengen. Die Masse mit Salz und Pfeffer würzen und in die Semmeln füllen. Ober- und Unterteile wieder aufeinandersetzen. Die Semmeln in Alufolie wickeln und so vorbereitet mitnehmen.

Die vorbereiteten Semmeln in die Glut legen und etwa 15 Minuten backen.

Kräuterbaguette

Das Baguette längs auf-, aber nicht durchschneiden. Die Kräuter waschen und die Blättchen bzw. Nadeln fein hacken. Die Knoblauchzehe schälen und durch die Presse drücken.

Die Butter mit den Kräutern und dem Knoblauch mischen, mit Salz und Pfeffer würzen. Das Baguette aufklappen und die Unterseite mit der Kräuterbutter bestreichen, dann wieder zusammenklappen. Das Baguette in Alufolie wickeln.

Das vorbereitete Baguette in der Alufolie in die Glut legen und etwa 10 Minuten backen. Das Brot vorsichtig herausnehmen, auswickeln und in dicke Scheiben schneiden.

Lamm-Gemüse-Spießchen

Das Lammfilet in Würfel schneiden. Den Knoblauch schälen und durch die Presse drücken, mit Chili- und Sojasauce mischen.

Die Paprikaschoten waschen, putzen und in etwa 2 cm große Stücke schneiden. Die Zucchini waschen. Die Enden entfernen und die Zucchini in etwa 1 cm dicke Scheiben schneiden.

Fleisch und Gemüsestücke in der Chilisaucenmischung marinieren und in einer Schüssel mitnehmen. Das Lammfilet zusammen mit dem Gemüse abwechselnd auf Spieße stecken und über der Glut unter Wenden garen. Die Spieße nach Belieben mit Salz und Pfeffer würzen. Dazu passt Salat.

Hackfleischpflanzerl am Spieß

Die Semmelbrösel mit den Haferflocken in einer Schüssel mischen. Die Milch erwärmen, die Mischung damit übergießen und quellen lassen.

Die Frühlingszwiebeln waschen und fein hacken. Die Petersilie waschen und trocken schütteln. Die Blättchen von den Stielen zupfen und fein zerkleinern. Das Öl in einer Pfanne erhitzen, Petersilie und Zwiebel darin bei schwacher Hitze dünsten, bis die Zwiebeln glasig sind, dann beiseite stellen. Das Hackfleisch mit dem Ei in eine Schüssel geben. Die Zwiebel-Petersilien-Mischung und die Haferflocken dazugeben. Die Masse mit Salz und Pfeffer würzen und alles gründlich vermengen. Den Teig in 12 gleiche Teile teilen und diese zu länglichen Klößchen formen. Die Klößchen in einer Form mitnehmen und gut kühlen. Vor Ort um die Spitzen von vorbereiteten Holzspießen drücken und über der Glut unter ständigem Drehen garen.

Spießschnitzel

für 4 Personen
4 sehr dünne Kalbsschnitzel
100 g Spinat
2 rohe Bratwürste
6 eingelegte, getrocknete Tomaten
100 g Feta

Die Kalbsschnitzel flach klopfen. Wasser mit Salz erhitzen. Den Spinat waschen und in dem kochenden Salzwasser blanchieren, abschütten und kalt abschrecken. Die Bratwürste aus dem Darm drücken. Den Spinat ausdrücken und fein hacken. Die Tomaten in kleine Würfel schneiden. Den Feta zerkrümeln.

Alle Zutaten vermengen. Die Kalbsschnitzel zu einem Drittel mit der Masse bestreichen. Die freien Enden darüber klappen und mit Holzspießchen feststecken.

Am Feuer die Schnitzel auf vorbereitete Holzspieße stecken. Die Schnitzelpäckchen über der Glut rundum unter ständigem Drehen garen. Mit einem bunten Blattsalat servieren.

Tipp: Sie können die Schnitzelchen auch aufrollen und dann mit Küchengarn umwickeln. Dabei darauf achten, dass die Füllung seitlich nicht heraustropft.

Feiner Bohneneintopf

für 4 Personen
300 g Prinzessbohnen
2 Zwiebeln
400 g Rinderlende
400 g Schweinelende
3 EL Öl
Salz, Pfeffer
3 EL Tomatenmark
1 EL Mehl
¼ l aromatischer Rotwein
¼ l Fleischbrühe
1 getrocknete Chilischote

Die Bohnen putzen, waschen und in etwa 3 cm lange Stücke schneiden. Die Zwiebeln schälen, halbieren und in schmale Scheiben schneiden. Das Fleisch zuerst in Scheiben, dann in Streifen schneiden.

Das Öl in einem Dutch-Oven erhitzen und das Fleisch darin portionsweise stark anbraten. Mit Salz und Pfeffer würzen. Die Zwiebelstücke dazugeben und glasig dünsten. Fleisch und Zwiebeln mit Mehl bestäuben, dann das Tomatenmark unterrühren.

Rotwein und Fleischbrühe angießen und aufkochen lassen. Die Sauce mit Salz, Pfeffer und gerebelter Chilischote würzen. Die vorbereiteten Bohnen untermischen und alles zugedeckt etwa 20 Minuten garen.

Dazu passt geröstetes Brot. Fleisch und Gemüse können Sie zu Hause vorbereiten und dann mitnehmen.

Feuriges Hähnchen

für 2 Personen
1 Brötchen vom Vortag
1 Schalotte
150 g Egerlinge
½ Bund glatte Petersilie
1 EL Butter
Salz, Pfeffer
1 Hähnchen
1 EL Honig
2 EL Olivenöl
1 TL Cayennepfeffer

Für die Füllung 150 ml Wasser erhitzen. Das Brötchen in Würfel schneiden, mit dem Wasser begießen und quellen lassen.

Die Schalotte schälen und fein hacken. Die Egerlinge putzen und in Würfel schneiden. Die Petersilie waschen, trocken schütteln und fein hacken.

Die Butter in einer Pfanne zerlassen, Schalotte, Pilze und Petersilie darin dünsten, bis die Schalotte weich ist. Die Pilzmischung beiseite stellen und abkühlen lassen, mit Salz und Pfeffer würzen.

Das Hähnchen außen und innen waschen, trocken tupfen und mit Salz und Pfeffer würzen. Honig mit Öl und Cayennepfeffer verrühren und das Hähnchen damit bestreichen.

Das eingeweichte Brot mit der Pilzmischung vermengen und die Masse in das Hähnchen füllen. Die Öffnung mit Küchengarn zunähen, damit die Füllung nicht herausquellen kann.

Das Hähnchen auf einen vorbereiteten Spieß stecken und über der Glut unter Wenden rundum braun braten.

Bunter Nudelsalat

für 4–6 Personen
für den Salat
400 g kleine Vollkornpenne
½ Bund frischer Schnittlauch
½ Bund Basilikum
½ Salatgurke
3 Frühlingszwiebeln
300 g Kirschtomaten
1 gelbe Paprikaschote
200 g Gouda

für das Dressing
5 EL Weißweinessig, 8 EL Olivenöl
1 TL Zucker, 1 TL Meersalz, Pfeffer
1 Knoblauchzehe

Die Vollkornnudeln nach Packungsanweisung in reichlich Salzwasser bissfest garen, dann abgießen, kalt abschrecken und abtropfen lassen.

Die Kräuter waschen, trocken schütteln und fein zerkleinern. Die Gurke schälen, vierteln und das Fruchtfleisch mit den Kernen entfernen. Das feste Fruchtfleisch in kleine Würfel schneiden oder grob raspeln.

Die Frühlingszwiebeln waschen, putzen und fein zerkleinern. Die Tomaten waschen und achteln. Die Paprikaschote waschen, putzen und in kleine Würfel schneiden.

Den Gouda (ohne Rinde) in kleine Würfel schneiden oder grob raspeln. Alle vorbereiteten Zutaten in einer großen Schüssel mischen.

Für das Dressing Essig, Olivenöl, Zucker, Salz und Pfeffer mit einem kleinen Schneebesen cremig aufschlagen, den Knoblauch schälen und dazupressen. Das Dressing über den Salat geben, alles locker durchmischen und ziehen lassen.

Trapperfrühstück

für 4 Personen
4 Vollkornbrötchen
8 Scheiben Frühstücksspeck
8 frische Eier
Salz, Pfeffer

Die Brötchen in Alufolie wickeln und in der Alufolie in die Glut legen, damit sie knusprig werden.

Den Speck in einer Pfanne von beiden Seiten braten, dann herausnehmen. Die Eier aufschlagen und in dem Speckfett Spiegeleier zubereiten. Den Speck am Schluss zum Aufwärmen wieder dazugeben.

Die Eier nach Belieben mit Salz und Pfeffer würzen und mit den Brötchen servieren.

Gemüsesalat

für 4–6 Personen
1 Aubergine
1 Zucchini
200 g Kirschstrauchtomaten
1 Bund Frühlingszwiebeln
2 Knoblauchzehen
200 ml Olivenöl
1 Bund Basilikum
150 g Feta
Salz, Pfeffer

Aubergine und Zucchini waschen und die Enden abschneiden. Beides in etwa 1 cm große Würfel schneiden. Die Tomaten waschen und abtropfen lassen. Die Frühlingszwiebeln waschen, putzen und fein zerkleinern. Die Knoblauchzehen schälen und durch die Presse drücken.

Die Hälfte vom Olivenöl in einer Eisenpfanne erhitzen, die Gemüsewürfel anbraten und danach in eine Salatschüssel füllen.

Das Basilikum waschen, trocken schütteln und die Blättchen in feine Streifen schneiden. Nochmals 2 EL Öl in der Pfanne erhitzen. Die Frühlingszwiebeln darin andünsten, dann die Tomaten, Basilikum und Knoblauch dazugeben und alles durchschwenken – die Tomaten sollen nur warm werden.

Die Tomaten-Frühlingszwiebel-Mischung zum restlichen Gemüse in die Schüssel geben. Den Feta zerbröckeln und untermischen. Das restliche Öl darüber träufeln. Den Salat mit Salz und Pfeffer würzen und mit knusprigem Baguette servieren.

Aprikosen-Pflaumen-Spieße

für 4 Personen
4 Aprikosen
100 g Marzipanrohmasse
20 g Puderzucker
1 TL Zitronensaft
2 EL gehackte Pistazien
8 Backpflaumen ohne Stein

Die Aprikosen waschen und halbieren, dabei die Steine entfernen.
Die Marzipanrohmasse mit dem Puderzucker, dem Zitronensaft und den Pistazien verkneten und diese Masse in die Backpflaumen füllen. Alles in Schüsseln verpacken und mitnehmen.
Aprikosenhälften und Backpflaumen abwechselnd auf vorbereitete Holzspieße stecken und über der Glut rundum erwärmen.
Dazu passen Vanillepudding oder Vanilleeis.

Tipp: Statt der Pflaumen schmecken auch frische Datteln ganz hervorragend.

Gegrillte Früchte mit Karamellsauce

für 4 Personen
für die Früchte
2 EL Zitronensaft
2 EL Honig
2 Bio-Äpfel
2 festfleischige Bio-Birnen

für die Sauce
50 g Butter
200 g braunen Zucker
1 Pck. Bourbon-Vanillezucker
100 ml Sahne

Den Zitronensaft mit dem Honig glatt rühren. Die Früchte waschen, trocknen und quer halbieren. Die Kerngehäuse ausstechen und die Schnittflächen mit der Honig-Zitronensaft-Marinade bestreichen.
Für die Sauce Butter, braunen Zucker und Vanillezucker in in einen Topf geben und karamellisieren lassen. Anschließend vom Herd nehmen und die Sahne unterrühren.
Die vorbereiteten Früchte auf dem Grillrost von beiden Seiten etwa 10 Minuten grillen, dabei immer wieder mit der restlichen Marinade bestreichen. Gleichzeitig die Karamellsauce in einem kleinen gusseisernen Topf (Achtung: keine Plastikgriffe!) auf dem Grill erwärmen. Zum Servieren die gegrillten Früchte mit der Karamellsauce übergießen. Dazu passt Vanilleeis oder an Stelle der Karamellsauce auch Zimt-Zucker.

Tipp: Zum Grillen eignen sich alle festfleischigen Früchte, die nicht überreif sind. Kleinere Früchte wie z. B. Zwetschgen können entweder auf Spieße gesteckt oder in der Grillschale zubereitet.

Genuss beim
draußen Essen

„Genuss und Lebensfreude"

Der Dutch-Oven

Er ist der Inbegriff von Abenteuerromantik und Nostalgie: der Dutch-Oven. Er erinnert zumindest die älteren unter uns an die Küchen unserer Großmütter, deren Herde noch mit Holz und Kohlen befeuert wurden. Auf den Herdplatten gab es lose Ringe in verschiedenen Größen für Töpfe unterschiedlicher Durchmesser, die man nach Bedarf entfernte. Der Topf wurde dann auf die dabei entstehende Öffnung gesetzt. Gekocht wurde also direkt über dem offenen Feuer. Unvergleichlich war der Geschmack der so zubereiteten Speisen und der heimelige Duft, den Holzfeuer und Aromen während des Kochens verströmten.

Der Dutch-Oven ist ein dreibeiniger Topf, der sowohl in Australien als auch in Amerika seit dem 18. Jahrhundert bekannt ist. Weil es in beiden Ländern viele nur spärlich besiedelte Landstriche gab (und noch gibt) und dort die Viehzucht eine große Rolle spielte, hatte auch die Zubereitung von Essen in der freien Natur einen anderen Stellenwert als in Europa. Denn Rinder- oder Schafhirten waren oft tagelang unterwegs, ohne auf eine menschliche Siedlung zu treffen. Umso wichtiger war für die Cowboys dann am Abend die Zubereitung der gemeinsamen Mahlzeit an einem gemütlichen Lagerfeuer, bei dem sie sich austauschen und auf den nächsten Tag vorbereiten konnten. Die ersten Töpfe, die dabei zum Einsatz kamen, konnten von unten und oben beheizt werden: Sie standen auf drei Beinen, mit denen sie auf glühende Kohlen gestellt wurden, der Deckel war nach innen gewölbt, sodass man darauf ebenfalls glühende Koh-

- Entfernen Sie Speisereste immer sofort aus ihrem Dutch-Oven, dann können sie nicht eintrocknen. Vor allem säurehaltige Lebensmittel können die Schutzschicht des Dutch beschädigen und lassen das Gusseisen rosten.
- Wenn Sie den Dutch einige Zeit nicht benötigen, reiben Sie ihn mit reichlich Pflanzenfett ein. Lagern Sie ihn am besten geöffnet an einem trockenen und luftigen Platz. Wenn Sie den Deckel auflegen, können sich unangenehme Gerüche bilden, die sich dann später auch auf das Gargut übertragen.
- Gießen Sie nie kaltes Wasser in einen heißen Topf. Dadurch kann er sich verziehen, die Stellfläche kann uneben werden und der Deckel schließt vielleicht nicht mehr richtig.

len geben konnte – man könnte sagen, es handelte sich um den ersten Backofen mit Ober- und Unterhitze. Viele dieser Töpfe besaßen auch eine Vorrichtung, mit der sie über ein Lagerfeuer gehängt werden konnten, was die Zubereitung ganz unterschiedlicher Speisen ermöglichte. Nicht immer handelte es sich dabei um die berühmten Bohnen mit Speck, auch Fleischgerichte ließen sich auf diese Weise für mehrere Personen problemlos zubereiten, sogar Brot konnte man in diesen Töpfen backen. Deshalb gehörten mehrere solcher Dutch-Oven auch zur Ausstattung eines jeden Trecks der Siedler in den USA oder Australien. Oft hatten diese dafür einen eigenen Küchenwagen, in dem die Kochutensilien und unter anderem auch Dutch-Oven in verschiedenen Größen transportiert wurden. Waren die Töpfe früher oft noch aus dünneren Materialien, so wird der Dutch-Oven heute bevorzugt aus Gusseisen hergestellt. Die Dicke der Topfwand spielt für das Kochen und das Kochergebnis eine wichtige Rolle, denn je dicker die Wand, desto besser wird die Hitze gespeichert, was vor allem bei langen Garzeiten von Vorteil ist. Deshalb braucht der Dutch-Oven auch keine heftige Glut und darin gegartes Fleisch wird durch die schonende Zubereitung unvergleichlich zart und fein.

Verbreitung

In die USA kam der Dutch-Oven offensichtlich mit europäischen Siedlern, wie der Name vermuten lässt aus Deutschland oder den Niederlanden. Sogar in Südafrika kannte man diesen Topf, den die Buren mitgebracht hatten – hier allerdings unter dem Namen Potjie. In Großbritannien verstand man unter dem Dutch-Oven einen „echten" kleinen Ofen, der mit Holzkohle beheizt wurde.

Heute erfreut sich der Dutch-Oven wieder großer Beliebtheit. Dies ist sicher seiner Vielseitigkeit zuzuschreiben, denn er bietet weit mehr Zubereitungsmöglichkeiten als ein herkömmlicher Grill. Auch kann man mit einem großem Dutch-Oven problemlos eine größere Gästeschar bewirten, was bei einem Grill normaler Größenordnung oft schon Probleme macht. Am besten kombiniert man Dutch-Oven und Grill, das garantiert Abwechslung und Vielseitigkeit.

Ebenso wie sich beim Grillen – oder Barbecue – inzwischen eine echte Fangemeinde gebildet hat, so trifft dies auch auf den Dutch-Oven zu. Vor allem in den USA haben Kochshows und sogar Meisterschaften mit dem

Gusseisentopf eine große Fangemeinde, aber auch in Deutschland findet man im Internet schnell Gleichgesinnte – hier kann man Erfahrungen und Rezepte austauschen und sich über anstehende Events informieren.

Pflege des Dutch

Auch wenn er einen äußerst robusten Eindruck erweckt – der Dutch-Oven ist nicht unkaputtbar. Gusseisen muss mit Vorsicht behandelt und sorgfältig gepflegt werden, damit es seine hervorragenden Kocheigenschaften auch lange behält. Das poröse Material nimmt es übel, wenn man ihm mit scharfen Reinigungsmitteln zu Leibe rückt und „rächt" sich auch umgehend mit gewaltigen Geschmackseinbußen. Will man also an seinem Dutch-Oven lange Freude haben und schätzt man den besonderen Geschmack, den in Gusseisen zubereitete Speisen erhalten, dann empfiehlt es sich, den Dutch entsprechend zu pflegen.

Vor dem ersten Gebrauch sollte man ihn auf jeden Fall einbraten. Dafür wird er zunächst mit heißem Wasser gereinigt, abgetrocknet und anschlie-

Gusseisen pflegt man am besten mit Öl, dafür eignet sich besonders ein geruchsneutrales Speiseöl. Damit es nicht zu riechen beginnt, die Töpfe immer offen lagern.

ßend großzügig mit Pflanzenfett eingerieben. Heizen Sie den Backofen auf 180 °C vor und legen Sie Alufolie auf den Rost. Jetzt stellen Sie den Dutch-Oven kopfüber auf den Rost und lassen ihn etwa 1 Stunde darin. Während dieser Zeit wird das Fett flüssig – ein Teil tropft auf die Alufolie, ein Teil wird von dem porösen Gusseisen aufgenommen. Das erkennen Sie auch dran, dass der Topf seine Farbe verändert. Nach 1 Stunde schalten Sie den Ofen aus und lassen den Dutch im Backofen abkühlen. Erst dann nehmen Sie ihn heraus. Es empfiehlt sich, während dieser Prozedur die Fenster zu öffnen, denn sonst stinkt Ihre Küche anschließend nach verbranntem Fett.

Den Vorgang des Einbratens sollten Sie zwischendurch immer wieder wiederholen, denn das Fett füllt die Poren des Topfes aus und schützt ihn vor Rost. Deshalb dürfen Sie den Dutch-Oven auch nur mit heißem Wasser waschen, denn Seife würde die schützende Fettschicht sofort wieder entfernen. Dies gilt im Übrigen auch für die Pflege von Pfannen. Wenn man das Kochgeschirr immer gleich nach dem Kochen mit heißem Wasser reinigt, ist das überhaupt kein Problem, denn dann löst sich der Schmutz noch gut. Sollten Sie dennoch einmal Schwierigkeiten haben, dann füllen Sie einfach Wasser in den Topf und erhitzen es – danach lässt sich auch hartnäckiger Schmutz ganz leicht entfernen.

Wenn Sie sich mehrere Töpfe anschaffen wollen, sollten Sie sich im Fachhandel beraten lassen, welche Größen für Ihre Bedürfnisse am besten geeignet sind. Werden Dutch-Oven öfters benutzt, lohnt sich in jedem Fall eine Feuerschale für die glühenden Holzkohlen. Sie sollte nicht zu klein sein, damit im Zweifelsfall auch mehrere Töpfe nebeneinander Platz finden. Auch eine Universal-Kochstelle ist für solche Zwecke geeignet. Der Vorteil: Sie hat eine angenehme Arbeitshöhe und man muss sich nicht ständig bücken. Sehr stabil und besonders groß ist ein Feldkochherd, auf dem mehrere Töpfe nebeneinander stehen können, also etwas für Leute, die gerne eine größere Gesellschaft bekochen möchten.

Rheinischer Döppekooche

für 4 Personen
1 kg mehlig kochende Kartoffeln
3 Zwiebeln
200 g durchwachsener Speck
1 Ei
Salz, Pfeffer
Muskatnuss
Sonnenblumenöl

Der Döppekooche ist ein westfälisches Gericht, das früher traditionell an Martini auf den Tisch kam. Denn damals mussten die Pächter ihren Herren an Martini die Pacht bringen. Dafür wurden sie von diesen zu einem Döppekooche, einem Topfkuchen eingeladen. Dazu gab es Dörrpflaumenkompott oder Apfelmus, aber auch Scheiben von Dörrfleisch. Heute reichen Sie den Döppekooche als Beilage zu gegrilltem Fleisch, Fisch oder Gemüse. Die Kartoffeln waschen und schälen, dann auf der groben Reibe eines Gemüsehobels raspeln. Die Zwiebeln schälen und in feine Würfel schneiden. Den Speck von Schwarte und Knorpeln befreien und ebenfalls fein würfeln. Den Dutch-Oven auf die glühenden Kohlen stellen und erhitzen, die Speckwürfel darin anbraten, dann herausnehmen. Kartoffeln, Zwiebeln und Ei zu den Speckwürfeln geben und alles kräftig vermengen. Die Masse mit Salz, Pfeffer und Muskatnuss abschmecken. Den Boden des Dutch-Oven mit Öl bestreichen und die Kartoffelmasse darin glatt streichen. Die Oberfläche ebenfalls mit etwas Öl beträufeln. Den Döppekooche zugedeckt etwa 2 Stunden garen, bis die Kartoffeln zerfallen und schön gebräunt sind.

Allgäuer Zwiebelbraten

für 4 Personen
1 kg Rinderlende
Salz, Pfeffer
1 EL Olivenöl
400 g Zwiebeln
2 EL Butterschmalz
300 ml dunkles Bier
500 ml Rinderfond
2 Lorbeerblätter
1 TL Pfefferkörner
1 Nelke
200 g Sahne
Salz, Pfeffer

Das Lendenstück mit Salz, Pfeffer und etwas Olivenöl einreiben. Den Dutch-Oven erhitzen und das Fleisch darin von allen Seiten anbraten, herausnehmen und in Alufolie gewickelt beiseite stellen. Die Zwiebeln schälen und in feine Halbringe schneiden. Das Butterschmalz im Dutch erhitzen und die Zwiebeln darin goldgelb anrösten. Dann Bier und Rinderfond angießen, Lorbeerblätter, Pfefferkörner und die Gewürznelke dazugeben, den Deckel auflegen, die Brühe kurz aufwallen lassen. Jetzt das Fleisch hinzufügen und im geschlossenen Topf etwa 60 Minuten garen. Nach dieser Zeit die Sahne unterrühren und alles zusammen weitere 30 Minuten garen. Das Fleisch in Scheiben schneiden und mit Spätzle und Sauce servieren. Wer mag, bindet die Sauce mit 1 EL Mehl, das in etwas Wasser glatt gerührt wurde.

Bayerische Schweinshaxn

für 4 Personen
4 kleine, gepökelte Schweinshaxen
1 Zwiebel, 2 Äpfel (z. B. Elstar)
3 EL Schweineschmalz mit Grieben
1 EL Zucker
1 große Dose Sauerkraut
200 ml nicht zu trockener Riesling
200 ml Brühe
1 Lorbeerblatt, 3 Wacholderbeeren
2 Pfefferkörner

Die Schweinehaxen abwaschen. Die Zwiebel schälen und in feine Würfel schneiden. Die Äpfel schälen, die Kerngehäuse entfernen und klein würfeln. Das Schweineschmalz mit dem Zucker in den Dutch-Oven geben und darin hellgelb karamellisieren lassen. Dann das Sauerkraut und die Apfelstücke hinzugeben, Weißwein und Brühe angießen und alles verrühren. Lorbeerblatt, Wacholderbeeren und Pfefferkörner hinzufügen. Die Haxen in das Kraut drücken und alles zugedeckt etwa 2 Stunden garen, bis die Haxen durch sind. Die fertigen Haxen mit dem Kraut und Salzkartoffeln oder Kartoffelpüree servieren.

Himmel und Erde mit Blutwurst

für 4 Personen
1 kg mehlig kochende Kartoffeln
1 kg säuerliche Äpfel (z. B. Boskop)
2 EL Zucker
4 EL Butter
4 Zwiebeln
3 EL Schweineschmalz
300 ml Milch
4 dicke Scheiben Blutwurst
Salz, Pfeffer, Muskatnuss

Das Gericht ist unter verschiedenen Namen bekannt. Diese Version aus dem Rheinland heißt „Himmel un Aed met Blootwosch".
Die Kartoffeln schälen, achteln und in den Dutch-Oven geben. 2 TL Salz und etwa 1 l Wasser hinzufügen. Die Kartoffeln im geschlossenen Topf in etwa 30 Minuten weich garen. Die Äpfel schälen und achteln, dabei die Kerngehäuse entfernen. Den Zucker in einem zweiten Dutch-Oven karamellisieren lassen, die Hälfte der Butter hinzufügen. Dann die Äpfel dazugeben und im eigenen Saft zerfallen lassen. Die Zwiebeln schälen und in feine Ringe schneiden. Das Schmalz in einer Pfanne zerlassen (oder in einem weiteren Dutch) und die Zwiebeln darin goldbraun rösten, herausnehmen und beiseite stellen. Die Blutwurst in dem verbliebenen Fett von beiden Seiten anbraten. Inzwischen die Kartoffeln mit der heißen Milch und der restlichen Butter vermischen und zu Brei stampfen. Mit Salz, Pfeffer und Muskatnuss würzen. Die Äpfel ebenfalls zerstampfen und unter das Kartoffelpüree rühren. Den Apfel-Kartoffel-Brei mit der Blutwurst anrichten und mit den Zwiebelringen belegen.

Westfälischer Pfefferpotthast

für 4 Personen
500 g Zwiebeln
2 EL Butterschmalz
1 kg Rindergulasch
Salz, Pfeffer
1 EL Tomatenmark
1 EL Mehl
300 ml kräftiger Rotwein
500 ml Rinderbrühe

Der Pottharst oder Potthast ist ein westfälisches Gericht mit langer Tradition, das heute noch häufig zubereitet wird, auch wenn sich die Rezeptur inzwischen verändert hat. Der Potthast ist mit der Geschichte Dortmunds eng verknüpft – sein Name wurde dort bereits im 14. Jahrhundert erstmals urkundlich erwähnt. In Dortmund findet deshalb jedes Jahr im Herbst auf dem alten Markt das Pfefferpotthastfest statt.

Ursprünglich verwendete man für die Zubereitung des Potthast offensichtlich alles, was beim Schweineschlachten übrig geblieben war, etwa Ohren, Pfoten, Schwanz und Rüssel. Diese Stücke wurden einige Tage in Salz eingelegt, anschließend gewaschen und mit Gemüse und Wasser gekocht. Im Laufe der Zeit wurde das Gemüse durch Zwiebeln, das Fleisch erst durch Rippenstücke, später dann durch andere Fleischstücke ersetzt. Heute ist der Potthast eine Art Ragout.

Die Zwiebeln schälen und in feine Halbringe schneiden. Die Hälfte vom Butterschmalz im Dutch-Oven zerlassen und die Zwiebelringe darin anbraten, aus dem Topf nehmen und beiseite stellen.

Das restliche Butterschmalz im Topf erhitzen und das Gulasch darin portionsweise anbraten, mit Salz und Pfeffer kräftig würzen. Dann die Zwiebeln, Tomatenmark und Mehl dazugeben und den Potthast kurz anschwitzen. Rotwein und Rinderbrühe angießen und alles im geschlossenen Topf etwa 2 Stunden schmoren lassen, bis das Fleisch schön mürbe ist.

Dazu serviert man Rote Bete und Gewürzgurken oder Salzkartoffeln.

Schäufele oder Schäuferl

für 4 Personen
1,5 kg Schäufele mit Knochen
1 Möhre
200 g Sellerieknolle
1 Lauchstange
½ Bund Petersilie
1 Zwiebel
1 Lorbeerblatt
1 Nelke
3 Pimentkörner
4 Pfefferkörner
4 Wacholderbeeren
¼ l Riesling

Dieses Gericht kennt man sowohl in Baden-Württemberg als auch in Franken. Die Franken reichen dazu Kloß und Soß, die Baden-Württemberger ziehen Kartoffelsalat vor. Aber auch mit Sauerkraut schmeckt das Schäufele ganz hervorragend. Weil Schäufele gepökelt und geräuchert ist, eignet es sich nicht zum Grillen, dafür aber umso besser für die Zubereitung im Dutch-Oven.

Das Schäufele abwaschen. Den Dutch-Oven erhitzen. Die Möhre und die Sellerieknolle schälen. Die Lauchstange putzen, längs aufschneiden, auseinanderdrücken und unter fließendem Wasser gründlich waschen. Die Petersilie ebenfalls waschen und trocken schütteln. Die Zwiebel schälen und halbieren. Das Lorbeerblatt an einer Zwiebelhälfte mit der Nelke feststecken. Das Gemüse in dem heißen Dutch ohne zusätzliches Fett kurz anrösten. Piment, Pfeffer und Wacholder hinzufügen. Dann 1 l Wasser und den Riesling angießen und das Schäufele hineingeben. Alles zugedeckt etwa 2 Stunden kochen lassen. Nach der Garzeit das Schäufele herausnehmen und mit Sauerkraut, Klößen oder Kartoffelsalat servieren.

Stolzer Heinrich aus Berlin

für 4 Personen
2 Zwiebeln
8 rohe Bratwürste
4 EL Mehl, 2 EL Butter
400 ml dunkles Bier
½ Saucenlebkuchen
200 ml Fleischbrühe
1 EL Rotweinessig
Salz, Pfeffer

Die Zwiebeln schälen und fein hacken. Die Bratwürste mehrmals einstechen, damit sie beim Braten nicht platzen. Die Würste in dem Mehl wenden. Die Butter im Dutch-Oven zerlassen und die Würste darin rundum braun braten, dann beiseite stellen.

Die Zwiebel in dem verbliebenen Bratfett goldgelb anbraten, dann das Bier angießen und den Saucenlebkuchen einrühren. Fleischbrühe und Essig hinzufügen und alles etwa 15 Minuten kochen lassen.

Den Sud mit Salz und Pfeffer abschmecken und die Bratwürstchen darin erwärmen. Mit Kartoffelpüree servieren.

Gebratene Forelle

für 4 Personen
4 Forellen à ca. 350 g
80 g Butter
1 Bund glatte Petersilie
1 unbehandelte Zitrone
Salz, Pfeffer

Die Forellen innen und außen waschen, dann mit Salz und Pfeffer würzen. Jeweils 1–2 Petersilienstängel in die Bauchhöhle geben. Die Hälfte der Butter im Dutch-Oven zerlassen und die Forellen darin von beiden Seiten anbraten. Dann im geschlossenen Topf etwa 15 Minuten garen. Inzwischen die restliche Petersilie ohne die groben Stiele fein hacken. Die Zitrone heiß waschen, eine Hälfte in Spalten schneiden, die andere auspressen. Den Zitronensaft mit der restlichen Butter über die Forellen gießen. Die Fische aus dem Topf nehmen und mit der Petersilie bestreut servieren. Dazu passen Salzkartoffeln.

Kohlrouladen mit Fischfüllung aus Sachsen

für 4 Personen
1 Kopf Spitzkohl
600 g Dorschfilet
1 unbehandelte Zitrone
1 EL Kapern (Nonpareilles)
1 Eiweiß
2 EL Semmelbrösel
60 g Butter
½ l Fischfond (selbst gemacht oder gekauft)
1 EL Mehl
200 g Sahne
Salz, Pfeffer

Den Kohlkopf waschen, 8–12 schöne Blätter ablösen. Salzwasser zum Kochen bringen. Die Kohlblätter darin etwa 5 Minuten blanchieren, dann herausheben und mit kaltem Wasser abschrecken.
Die Zitrone heiß abwaschen, die Hälfte der Schale fein abreiben, den Saft auspressen. Die Dorschfilets durch die feine Scheibe des Fleischwolfs drehen, mit Salz, Pfeffer, Zitronenschale und -saft würzen. Die Kapern fein hacken und mit dem Eiweiß und den Semmelbröseln unter die Fischmasse rühren. Die Kohlblätter auf einer Arbeitsfläche ausbreiten. Die dicken Mittelrippen flach schneiden. Die Blätter mit der Fischfarce füllen, seitlich über die Füllung schlagen und aufrollen. Die Röllchen mit Küchengarn umwickeln oder die Enden der Blätter mit Holzspießchen feststecken.
Die Butter im Dutch-Oven zerlassen. Die Rouladen darin rundum anbraten. Den Fischfond angießen und die Röllchen zugedeckt in etwa 20 Minuten fertig garen. Das Mehl mit der Sahne verrühren und nach 10 Minuten unterrühren. Die Fischrouladen mit der Sauce und Salzkartoffeln servieren.

Mehlbeutel

für 4 Personen
3 Eier
125 g zerlassene Butter
¼ l Milch
500 g Mehl
½ TL Backpulver
abgeriebene Schale von ½ Zitrone
200 g Backpflaumen ohne Stein
1 kg geräucherte Schweinebäckchen
2 EL Butter
2 EL Mehl
½ l Fleisch- oder Gemüsebrühe
2 EL Senf
100 g Sahne
Salz

In Schleswig Holstein kennt man diesen delikaten Knödel auch unter dem Namen „Großer Hans", und groß ist dieser Mehlkloß tatsächlich. Man isst ihn deftig mit Schweinebäckchen und Senfsauce oder aber mit Dörrobst-Kompott.

Eine Leinenserviette in Wasser auskochen. 3 l Wasser im Dutch-Oven erhitzen. Die Eier trennen. Die Eiweiße mit etwas Salz steif schlagen. Die Eigelbe mit der zerlassenen Butter und der Milch verrühren. Mehl und Backpulver mischen und die Eiermilch nach und nach unterrühren. Dann den Eischnee und die abgeriebene Zitronenschale unterheben.

Die Serviette auf einer Arbeitsfläche ausbreiten und mit etwas Mehl bestäuben. Die Backpflaumen in die Mitte legen. Den Teig zu einem Kloß formen und auf die Backpflaumen legen. Die Serviette über dem Kloß locker zusammenfassen und verknoten. Einen Kochlöffel durch den Knoten schieben. Die Schweinebäckchen in das siedende Wasser geben. Den Kloß hineinhängen und etwa 1 Stunde in dem Sud garen.

Dann den Kloß herausheben und beiseite legen. Die Schweinebäckchen aus dem Sud nehmen und den Kloß nochmals hineinhängen, bis die Sauce zubereitet ist. Dafür die Butter in einer Pfanne zerlassen und das Mehl darin anschwitzen. Die Brühe angießen und die Sauce etwa 10 Minuten köcheln lassen. Eventuell etwas von dem Kloßwasser hinzufügen. Senf und Sahne unterrühren, die Sauce mit Salz und Pfeffer abschmecken. Die Schweinebäckchen wieder in die Sauce geben und darin erwärmen.

Den Kloß aus dem Wasser nehmen und auf einem Holzbrett etwa 5 Minuten ausdampfen lassen, dann wie einen Apfel in Spalten schneiden und mit den Schweinbäckchen servieren.

Käse-Schnittlauch-Brötchen

für 8 Stück
200 ml Milch
250 g Weizenvollkornmehl
250 g Dinkelvollkornmehl
1 Würfel Hefe
80 g Butter
1 TL Salz
1 Ei
1 Bund Schnittlauch
150 g geriebener Bergkäse oder
Emmentaler

Die Milch lauwarm erwärmen. Das Mehl in eine Schüssel geben und eine Vertiefung hineindrücken. Die Hefe zerbröseln und in die Vertiefung geben, mit etwas Milch und Mehl verrühren. Den Teig zugedeckt an einem warmen Ort etwa 15 Minuten gehen lassen. Die Butter in kleine Stücke schneiden und auf dem Mehl verteilen. Salz, Ei und die restliche Milch hinzufügen und alles mit den Knethaken des Handrührgerätes zu einem geschmeidigen Teig verkneten. Den Teig zur Kugel formen und zugedeckt an einem warmen Ort etwa 45 Minuten gehen lassen, bis sich sein Volumen etwa verdoppelt hat. Den Schnittlauch waschen, trocken schütteln und in feine Röllchen schneiden, den Käse fein reiben. Den Teig auf bemehlter Arbeitsfläche mit dem Käse und dem Schnittlauch verkneten, dann in 8 gleich große Stücke teilen. Den Dutch-Oven mit Olivenöl oder Butter großzügig ausstreichen. Die Teigstücke auf dem Topfboden nicht zu dicht nebeneinander zu einer Rosette legen und zugedeckt weitere 30 Minuten gehen lassen. Die Brötchen mit geringerer Unterhitze und größerer Oberhitze etwa 30 Minuten backen.

Walnussbrötchen mit Speck

Mehl, Weizenkeime und Salz in einer Schüssel mischen und in die Mitte eine Mulde drücken. Die Hefe hineinbröckeln, mit Zucker bestreuen. 80 ml Wasser erwärmen und in die Mulde gießen. Die Hefe (mit einem Kochlöffelstiel) mit dem Wasser und etwas Mehl verrühren, bis sich die Hefe aufgelöst hat. Die Schüssel mit einem Tuch bedecken und den Vorteig an einem warmen Ort 15 Minuten gehen lassen.

Inzwischen die Walnüsse grob hacken. Den Speck von Schwarte und Knorpeln befreien und sehr fein würfeln. Die Speckwürfel in einer Pfanne ohne Fett auslassen, die Walnüsse in einer anderen Pfanne ohne Fett kurz rösten, bis sie duften. 220 ml Wasser erwärmen, nach und nach zum Vorteig geben und alles zu einem elastischen Teig verarbeiten. Walnüsse, Speckwürfel, Pinienkerne und Öl unterkneten. Den Teig zugedeckt an einem warmen Ort etwa 30 Minuten gehen lassen. Inzwischen den Dutch-Oven mit Butter oder Öl ausstreichen. Den gegangenen Teig auf bemehlter Fläche durchkneten und daraus etwa 10 gleich große Brötchen formen. Die Brötchen auf den Topfboden legen, genügend Platz dazwischen lassen. Die Brötchen mit Wasser bestreichen und mit Sesam, Mohn oder Kürbiskernen bestreuen, weitere 15 Minuten gehen lassen. Anschließend bei stärkerer Oberhitze etwa 30 Minuten backen.

Variante: Kürbiskernsemmeln

Den Hefeteig wie im Rezept oben beschrieben ansetzen und gehen lassen. Statt der Walnusskerne 100 g Kürbiskerne grob hacken. 100 g würzige, luftgetrocknete Salami in kleine Würfel schneiden. 3 Frühlingszwiebeln waschen, putzen und fein hacken. Diese Zutaten mit 2 EL Kürbiskernöl unter den Hefeteig mischen, gut durchkneten und an einem warmen Ort etwa 30 Minuten gehen lassen. Den Teig dann wie im Rezept beschrieben weiterverarbeiten. Zum Bestreuen eignen sich Kürbiskerne oder kross gebratene Zwiebelstückchen.

Wiener Dampfnudeln

für 4 Personen
500 g Mehl
1 Würfel Hefe
½ l Milch
5 EL Zucker
2 Eier
100 g Butter
Salz

Dazu passen Vanillesauce und Zwetschgenkompott.

Das Mehl in eine Schüssel sieben, in die Mitte eine Vertiefung drücken und die Hefe hineinbröseln. Die Milch handwarm erwärmen und etwa 100 ml davon mit der Hefe, 1 TL Zucker und etwas Mehl verrühren. Diesen Vorteig ca. 15 Minuten zugedeckt an einem warmen Ort gehen lassen.

150 ml Milch und die Eier sowie eine Prise Salz zum Vorteig geben und alles zu einem geschmeidigen Teig verkneten. Diesen an einem warmen Platz zugedeckt weitere 40 Minuten gehen lassen, bis er sein Volumen verdoppelt hat.

Dann 8 etwa gleich große Kugeln formen. Den Dutch-Oven großzügig mit Butter ausstreichen und den Topfboden mit 4 EL Zucker bestreuen. Die Teigstücke mit etwas Abstand nebeneinander in den Topf setzen. Die restliche Milch mit der restlichen Butter, dem übrigen Zucker und etwas Salz verrühren und erwärmen. Die Milch über die Dampfnudeln gießen und diese im geschlossenen Topf (nur Unterhitze) etwa 60 Minuten garen.

Bratäpfel

für 4 Personen
2 EL Rum, 2 EL Rosinen
4 Äpfel (z. B. Boskop), 1 Zitrone
100 g Marzipanrohmasse
4 EL Mandelstifte
200 ml Weißwein
½ Zimtstange, 1 Nelke
1 Stück unbehandelte Zitronenschale
40 g Rohrohrzucker
4 EL Butter
Butter für die Form

Die Rosinen im Rum einweichen und mindestens 1 Stunde ziehen lassen, besser noch über Nacht. Die Äpfel waschen und schälen, die Kerngehäuse mit einem Kernhausausstecher entfernen. Die Zitrone halbieren, den Saft auspressen und die Äpfel damit beträufeln.

Die Marzipanrohmasse mit den Rumrosinen und den Mandelstiften vermischen und die Äpfel damit füllen.

Den Dutch-Oven mit Butter großzügig ausstreichen und die gefüllten Äpfel hineinsetzen. Den Wein mit den Gewürzen erwärmen und etwa 15 Minuten leicht köcheln lassen, dann die Gewürze entfernen. Den Zucker in dem Gewürzwein auflösen, die Äpfel im Dutch-Oven damit begießen und mit der Butter in Flöckchen belegen.

Die Äpfel im geschlossenen Topf etwa 45 Minuten garen, dann herausnehmen und mit geschlagener Sahne oder Vanillesauce servieren.

Genuss beim Grillen
„Geselligkeit und Urwüchsigkeit"
EXIT

Grillen – eine glühende Leidenschaft

Die Grillgemeinde wächst und wächst. Auch in Deutschland sind zahlreiche Fans Feuer und Flamme fürs Freiluft-Kochen und fiebern nach den langen Wintermonaten ungeduldig den ersten warmen Tagen des Jahres entgegen, an denen sie den Grill aus seinem Winterversteck holen und wieder anfeuern können.

Wie eine Umfrage des Meinungsforschungsinstitutes in Allensbach 2008 ergab, haben sich 75 Prozent der Deutschen mit Leib und Seele dem Grillen im Freien verschrieben – und längst ist dies nicht mehr nur eine typische Domäne der Männer, auch Frauen haben längst eine glühende Leidenschaft fürs Grillen entwickelt.

Dabei handelt es sich beim Grillen um eine wirklich archaische Zubereitungstechnik, die älteste überhaupt. Und um eine, die das Ernährungsverhalten der Menschen geradezu revolutioniert hat. Viele Historiker sind der Meinung, dass der Mensch seinen Evolutionssprung nicht nur der Entdeckung des Feuers verdankt, sondern vor allem dem Umstand, dass er damit seine Nahrung garen konnte. Wann allerdings genau er gelernt hat, das Feuer aktiv zu entfachen und für sich zu nutzen, kann die Wissenschaft bis heute nicht mit Sicherheit sagen. Auch bleibt unklar, wo dies zuerst geschehen sein soll. Fakt ist, dass man von einer Nutzung des Feuers durch den Menschen ab etwa 700 000 v. Chr. ausgehen kann. Damals soll der *homo erectus* (der aufrecht gehende Mensch) bereits Feuer bewusst eingesetzt haben, indem er etwa durch Blitzschlag spontan ent-

standenes Feuer bewahrt und für seine Zwecke verwendet hat. Gesicherte Belege über das aktive Entfachen von Feuer durch den Menschen liegen den Wissenschaftlern aus der jüngeren Altsteinzeit vor, eine regelmäßige Nutzung kann offensichtlich aber erst ab der Jungsteinzeit nachgewiesen werden.

Auch wenn die Wissenschaft den Zeitpunkt nicht genau bestimmen kann, sicher ist, dass sich dem Menschen dadurch ganz neue Möglichkeiten der Ernährung eröffnet haben, denn gegartes Fleisch ist für uns wesentlich bekömmlicher als rohes. Und auch wenn es unseren Vorfahren vor allem darum ging, ihren Hunger zu stillen und ihre Art aufrecht zu erhalten, haben wir uns mit unseren Ansprüchen längst weiterentwickelt und auch das Grillen zu einem kulinarischen Genuss gemacht.

Auf den Grill – beziehungsweise den Spieß – und über das Feuer kam bei unseren Vorfahren noch alles, was die Jäger eines Volkes oder Stammes erlegt hatten, denn man kannte ja keine andere Zubereitungsart. Es waren Tiere aus der jeweiligen Region, etwa Elche, Wildschweine oder Ziegen, aber auch Nashörner und Bisons, selbst Krokodile und Schlangen wurden zubereitet, indem man sie, meist am Stück, aufspießte und über den lodernden Flammen drehte. Immer war das Zubereiten und anschließende Verspeisen der Tiere ein gemeinschaftliches Ritual, hatte also bereits damals einen nicht zu unterschätzenden gesellschaftlichen Aspekt.

Noch heute spielt die Geselligkeit beim Grillen eine besonders große Rolle. Auch wenn wir inzwischen viele weitere Zubereitungsarten für Fleisch, Fisch oder Gemüse kennen, so hat das Kochen unter freiem Himmel nichts an Attraktivität verloren. Die Menschen lieben Gegrilltes, weil es gut schmeckt, weil Grillen unkompliziert und gesellig ist und weil damit immer ein Hauch von Abenteuer- und Lagerfeuerromantik verbunden ist. Vielleicht ist ja das der Grund, warum sich fürs Grillen vor allem das männliche Geschlecht so erwärmt hat?

Und allen Unkenrufen zum Trotz: Grillen ist auch gesund, denn dabei kommt das Grillgut nicht mit dem Feuer in Berührung. Vorausgesetzt, man macht es richtig, werden die Speisen dabei nämlich durch reine Strahlungswärme gegart. Und so bleiben Vitamine und Mineralstoffe weitgehend erhalten.

Wer hat's erfunden?

Gerne würden die Amerikaner für sich in Anspruch nehmen, nicht nur die „Weltmeister", sondern auch die Erfinder des Grillens zu sein. Aber sie waren es nachweislich nicht. Je nachdem, wann man die erste bewusste Nutzung des Feuers zeitlich ansetzen kann, kommt dieses Verdienst entweder den Chinesen oder den Franzosen zu.

Barbecue – eine Erfindung der Amerikaner

Oft werden die beiden Begriffe „Grillen" und „Barbecue" synonym verwendet, was streng genommen aber nicht ganz korrekt ist. Beim Grillen wie beim Barbecue werden Lebensmittel durch Strahlungshitze gegart, sie kommen also nicht direkt mit Feuer oder Glut in Berührung. Das Grillen geschieht schnell und bei hohen Temperaturen. Von Barbecue spricht man dagegen nur, wenn bei niedrigen Temperaturen langsam gegart wird, was besonders gut gelingt, wenn man ein Gerät mit Deckel hat, weil sich darin die Hitze schön gleichmäßig um das Gargut verteilt. Fleisch, Fisch oder Gemüse können so ganz schonend zubereitet werden. Dies ist etwa beim klassischen Kugelgrill der Fall – und der ist tatsächlich die Erfindung eines Amerikaners, nämlich die von George Stephen. Streng genommen wird beim Barbecue das Gargut aber in Erdkuhlen zubereitet, wichtig ist dabei, dass jegliche Luftzufuhr unterbunden wird. Weniger eindeutig sind die Theorien, woher der Name Barbecue stammt. Kommt er aus Amerika, wo Trapper bereits im 17. Jahrhundert ganze Bisons aufspießten, um sie über dem offenen Feuer »Barbe-à-queue«, also vom Bart bis zum Schwanz, zu braten? Oder lässt er sich auf einen Einwohnerstamm der Karibischen Inseln, die Tainos, zurückführen, die mit „buccan" eine Art Grill bezeichneten? Die Kreolen sollen diesen Begriff dann auf das amerikanische Festland gebracht haben. Sicher ist, dass schon unsere Urahnen sehr erfinderisch waren, was die Technik des Grillens anbelangt. Argentinische Gauchos beispielsweise spannen aufgeklappte ganze Schafe, Ziegen oder Rinderteile auf ein Eisenkreuz und lassen das gewürzte Fleisch sehr langsam über einem Feuer in einer Mulde am Boden garen.

Grillen – Nahrungsaufnahme oder Event?

Was sich bei uns erst in den vergangenen Jahren so richtig entwickelt hat, ist das Barbecue in den USA schon lange: ein gesellschaftliches Ereignis. Wird man in den USA zum Barbecue eingeladen, geht es nie nur um bloße Nahrungsaufnahme, sondern stets auch um das Zusammensein in geselliger Runde und den kulinarischen Aspekt. Deshalb wurden Barbecues in Amerika auch schon früh von Politikern als geeignetes Mittel für den Wahlkampf entdeckt. In den 1950er Jahren entwickelte sich das Grillen mit dem steigenden Lebensstandard in den USA, aber auch bei uns zu einem regelrechten Kult. In den USA verfügt mittlerweile jeder Haushalt durchschnittlich über 1,4 Grills. Da können die Deutschen zwar noch nicht mithalten, dennoch ist auch bei uns der Trend zum Outdoor-Kochen ungebrochen. Grill-Clubs tauschen Rezepte aus, veranstalten Wettbewerbe und treffen sich regelmäßig – im Sommer im Freien, während der kalten Jahreszeit im Netz.

Grillen – bald olympische Disziplin?

Soweit wird es wahrscheinlich nicht kommen, Tatsache aber ist, dass 2010 in Gotha die 15. Deutsche Grill-Meisterschaft stattfand. Organisator war die GBA (German Barbecue Association), die 1996 gegründet wurde und ihren Sitz in Hilden (Rheinland) hat. Die GBA ist Mitglied der WBQA

(World Barbecue Association), zu der auch Grillvereine unter anderem aus Österreich, der Schweiz, den Niederlanden, Frankreich und England gehören. Ziel der GBA ist es laut ihrer Satzung „die freizeitliche Grillkultur in Deutschland zu fördern, auf ein qualitativ höheres Niveau zu heben und als kompetentes Informationsorgan in allen Fragen rund ums Grillen, von der warenkundlichen Produkt- bis zur Geräteberatung und -entwicklung eine Pionierrolle einzunehmen sowie Verbrauchertrends mitzuentwickeln". Auch 2011 wird es wieder eine Meisterschaft geben, sie soll vom 20. bis 22. Mai in Gronau stattfinden. Doch nicht nur auf deutschem Boden messen sich die Grillbegeisterten, auch international stellen sich Profi-Teams dieser Herausforderung. Bereits 1999 wurde im schweizerischen Wil die erste Grill-Weltmeisterschaft ausgetragen. 2008 konnte das deutsche Team den heiß begehrten Titel des Grill-Weltmeisters für sich erkochen.

Grillen – Genuss ohne Reue

In den letzten Jahren haben verheerende Nachrichten über die gesundheitlichen Risiken zahlreiche Grill-Fans verunsichert. Vor allem der Nachweis von Krebs erzeugendem Benzoapyren auf gegrillten Nahrungsmitteln hat so manchem den Appetit auf Gegrilltes gründlich verdorben. Benzoapyren kennen wir seit langem als hochgiftigen Stoff, der beim Rauchen entsteht und nachweislich die Entstehung von Lungenkrebs fördert. Aber auch beim Rösten von Kaffeebohnen oder eben beim Grillen bildet sich der polyzyklische aromatische Wasserstoff.

Die nächste Hiobsbotschaft kam mit der Entdeckung von Acrylamid in praktisch allen gebackenen, gebratenen oder frittierten Lebensmitteln, die Kohlehydrate enthalten. Auch dabei handelt es sich um einen kanzerogenen Stoff, der allerdings nur bei hohen Temperaturen entsteht.

Gold statt Kohle

Damit Ihr Grill-Event garantiert ein Genuss ohne Reue wird, genügt es, ein paar einfache Regeln zu beachten. Sorgen Sie dafür, dass das Grillgut nie direkt mit dem Feuer in Berührung kommt. Garen Sie schonend bei niederen Temperaturen oder eventuell in entsprechenden Grillschalen. Braten Sie Lebensmittel nie scharf an – auch Frittieren ist tabu. Braun gebrannte Lebensmittel sind nichts für Ihren Körper, golden getönte dagegen schon. Entdecken Sie also die Langsamkeit beim Kochen und Grillen, das tut auch Ihrer Seele gut. Vertrauen Sie auf die Kraft von Kräutern und Gewürzen, die in der Lage sind, die giftigen Stoffe zu binden – dazu zählen beispielsweise Senf und Kräuter wie Minze, Oregano, Thymian, Salbei oder Knoblauch, die wir häufig zum Würzen oder Marinieren verwenden. Im Übrigen kann auch das richtige Grillgerät helfen, Ihre Gesundheit zu schützen: Achten Sie auf das TÜV-Zeichen „Q". Es garantiert Ihnen, dass Saft und Fett nicht in die Glut tropfen und sich keine Stichflammen bilden können.

Des einen Freud, des anderen Leid

Sie freuen sich, dass der Grill so richtig brennt, die Kohlen endlich glühen, legen mit Ihren Freunden ein Stückchen ums andere auf und feiern fröhlich bis spät in die Nacht. Die Nachbarn ärgert's, weil Sie weder zu überhören noch – aufgrund der Rauchentwicklung – zu übersehen sind. Klären Sie deshalb immer erst, ob jemand etwas dagegen hat, wenn Sie grillen. An öffentlichen Grillplätzen stellt sich dieses Problem übrigens nicht.

Welcher Grill ist geeignet?

Wenn Sie sich privat einen Grill anschaffen wollen, informieren Sie sich über die verschiedenen Geräte. Grillen kann man natürlich auch ganz einfach, indem man eine Vertiefung im Boden schafft, Kohle hinein gibt und dann einen Grillrost über die Vertiefung legt. Wer öfter grillt, wird es sich komfortabler wünschen und sich einen Grill kaufen. Da hat man die Wahl zwischen einfachen Holzkohlengrills bis hin zu Hightech-Gasgrills, die keine Wünsche offen lassen. Egal, was Sie wählen, machen Sie sich mit der Bedienungsanleitung vertraut, bevor Sie die Rezepte in diesem Buch ausprobieren. Wir haben keine Garzeiten angegeben, weil jedes Gerät wieder anders funktioniert.

Empfehlenswert sind Geräte, die ein sanftes Garen erlauben – die meisten Möglichkeiten bietet Ihnen hier ein Kugelgrill, egal ob mit Holzkohle oder mit Gas befeuert.

Worauf Sie im Einzelnen – auch in Bezug auf Ihre Sicherheit – zu achten haben, entnehmen Sie bitte der jeweiligen Bedienungsanleitung.

Gefüllter Schweinerücken

Den Schweinerücken vom Metzger so schneiden lassen, dass man ihn aufrollen kann.

Den Spinat waschen und verlesen, die groben Stiele abknipsen. Reichlich Wasser zum Kochen bringen. Sobald es kocht, das Wasser salzen. Die Spinatblätter in das kochende Wasser geben und darin zusammenfallen lassen, dann abgießen, kalt abschrecken und abtropfen lassen.

Die Zwiebel und den Knoblauch schälen und fein hacken. Die Butter in einer Pfanne mit hohem Rand zerlassen, Zwiebel und Knoblauch darin andünsten. Den Spinat ausdrücken, klein schneiden und mit in die Pfanne geben. Kurz durchschwenken. Den Spinat mit Salz, Pfeffer und Muskatnuss abschmecken und beiseite stellen.

Das Fleisch auf einer Arbeitsfläche ausbreiten und mit dem Handballen etwas flach klopfen. Die Innenseite des Fleisches mit Salz und Pfeffer würzen und mit dem Spinat bestreichen. Den Parmesan darüber streuen. Das Fleisch zur Rolle formen. Die Rolle mit Küchengarn fest umwickeln, mit Öl bestreichen und mit Salz und Pfeffer würzen.

Den Braten auf dem Kugelgrill bei geschlossenem Deckel garen. Mit Kartoffeln servieren.

Waadtländer Meterwurst

Die Fleischbrühe mit dem Weißwein in einen Topf geben und erhitzen. Die Wurst spiralförmig in die heiße Flüssigkeit legen und darin bei schwacher Hitze ziehen lassen, bis die Flüssigkeit aufgesaugt ist.

Die Bratwurst herausnehmen und mit einem Holzspießchen mehrfach einstechen. Dann zur Schnecke formen, das Ende mit einem Holzspießchen fixieren und die Bratwurstschnecke so auf dem Grill im Ganzen von beiden Seiten garen.

Schweizer Treberwurst

Am Bielersee kann man heute noch von Dezember bis Februar in den Genuss einer Treberwurst kommen: Die „Mangeailles du saucisson au marc"
hat dort eine lange Tradition. Früher haben die Weinbauern ihren Schnaps,
den Marc, einen Tresterschnaps, noch selbst gebrannt. Das fiel traditionell
mit dem Schlachten eines Schweines zusammen. Die Schweinswürste wurden dann im Brennhafen gekocht. Heute gart man sie im Marc. Hier ein
Rezept, das auch auf dem Grill gelingt.

Die Schweinsbratwürstchen mehrmals einstechen und mit dem Trester in
eine Form mit dicht schließendem Deckel geben. Die Form so wählen, dass
die Würstchen gut von dem Tresterschnaps umspült werden.

Die Würstchen in dem Schnaps einige Stunden, am besten über Nacht, im
Kühlschrank ziehen lassen, dabei immer wieder wenden.

Die Würstchen aus dem Sud nehmen und mit Sonnenblumenöl rundum
bestreichen. Eine Aluschale mit Butter ausstreichen und die Würstchen
hineinlegen. In der Aluschale garen, dabei immer wieder mit dem Tresterschnaps bestreichen.

für 4 Personen
8 rohe Schweinsbratwürstchen
100 ml Tresterschnaps
1 EL Sonnenblumenöl

Kalbsbrisoletten

Vor allem in der Berliner Gegend kennt und liebt man diese saftigen Buletten, die im Schweinenetz gegart werden.

Das Schweinenetz über Nacht in kaltem Wasser wässern. Das Wasser am nächsten Morgen austauschen. Das Fleisch in grobe Stücke schneiden und zweimal durch die feine Scheibe des Fleischwolfs drehen. Das Brötchen in feine Scheiben schneiden. Die Milch erwärmen und das Brötchen damit begießen. Die Zitrone heiß abwaschen und trocknen. Die Schale fein abreiben. Die Petersilie waschen und trocken schütteln. Die Blättchen abzupfen und fein zerkleinern. Die Schalotten schälen und fein hacken. Die Butter in einer Pfanne zerlassen und Schalotten und Petersilie darin andünsten, dann 2 TL Zitronenschale unterrühren und die Mischung beiseite stellen. Das Fleisch mit Brötchen und Schalottenmischung vermengen. Den Fleischteig mit Salz und Pfeffer würzen. Das Schweinenetz aus dem Wasser nehmen und auf einem Leinentuch abtropfen lassen. Aus dem Fleischteig knapp Handteller große Taler formen. Das Schweinenetz in Stücke schneiden und die Fleischtaler darin einschlagen. Eine Aluschale mit Öl ausstreichen und die Brisoletten darin von beiden Seiten braun braten.

Tomaten mit Hackfleisch

Die Tomaten waschen und am Stielansatz einen Deckel abschneiden. Die Tomaten aushöhlen und innen salzen. Das ausgehöhlte Fruchtfleisch kleinschneiden. Die Petersilie waschen, trocken schütteln und die Blättchen fein hacken. Das Hackfleisch mit Petersilie, Reis, Tomatenfleisch, Ei und Parmesan mischen und mit Salz, Pfeffer und Paprikapulver pikant abschmecken. Die Masse in die Tomaten füllen. Die Tomaten in eine Alu-Grillschale setzen und im geschlossenen Kugelgrill garen, bis die Füllung durch ist.

Lammkoteletts mit Rosmarin

Rosmarin ist ein Gewürzstrauch, der aus den Mittelmeerländern zu uns gekommen ist. Bei uns gedeiht er im Sommer, übersteht aber unsere harten Winter nicht, sodass man ihn jedes Jahr neu anpflanzen muss. Rosmarin gibt Gemüse-, Fleisch- und Fischgerichten ein mediterranes Aroma. Er schmeckt auch wunderbar auf Kartoffeln oder im oder auf dem Brotteig. Den Knoblauch schälen und fein hacken. Den Rosmarin waschen und trocken schütteln. Die Nadeln abstreifen, fein hacken und in einer kleinen Schüssel mit dem Olivenöl und dem Knoblauch mischen.

Die Lammkoteletts kalt abwaschen, dann trocken tupfen, mit Salz und Pfeffer würzen und nebeneinander auf eine Platte legen. Gleichmäßig mit der Rosmarin-Knoblauch-Marinade bestreichen und zugedeckt etwa 2 Stunden im Kühlschrank ziehen lassen.

Die Lammkoteletts mit Küchenkrepp abtupfen und von beiden Seiten grillen. Dazu passen gegrillte Paprika und Zucchini.

Kalbsschnitzel mit Pilzfüllung

für 4 Personen
150 g Egerlinge
1 Schalotte
½ Bund glatte Petersilie
3 EL Sonnenblumenöl
1 TL Steinpilzpulver
2 EL geriebener Parmesan
2 EL Semmelbrösel
4 Kalbsschnitzel
Salz, Pfeffer

Die Egerlinge putzen und in Scheiben schneiden. Die Schalotte schälen und fein hacken. Die Petersilie waschen, trocken schütteln und die Blättchen fein zerkleinern. 2 EL Öl erhitzen und die Schalotte darin glasig dünsten, die Pilze dazugeben und mitbraten, zum Schluss die Petersilie untermischen.

Die Mischung beiseite stellen, mit Salz, Pfeffer, Steinpilzpulver und Parmesan würzen und mit den Semmelbröseln binden.

Die Schnitzel flach klopfen, mit Salz und Pfeffer würzen und halbieren. Jede Hälfte mit 1–2 TL Füllung bestreichen, einen Rand frei lassen. Die Schnitzel von der schmalen Seite her aufrollen, die Enden und die Seiten mit Holzspießchen feststecken.

Die Schnitzelröllchen rundum mit dem restlichen Öl bestreichen und auf dem Grill unter Wenden garen.

Dazu passen gegrillter grüner Spargel und Folienkartoffeln mit Sauerrahm.

Gegrillte Schweinekoteletts

für 4 Personen
2 Knoblauchzehen
1 rote Chilischote
3 EL Tomatenmark
1 EL Dijon-Senf
2 EL Olivenöl
4 Schweinekoteletts (ca. 3 cm dick)

Den Knoblauch schälen und durch die Presse drücken. Die Chilischote halbieren, die Kerne und den Stielansatz entfernen. Die Schotenhälften waschen, trocken tupfen und fein hacken.

Knoblauch, Chilischote, Tomatenmark, Senf und Öl mischen, die Koteletts damit bestreichen und im Kühlschrank mindestens 2 Stunden durchziehen lassen.

Zum Grillen die Marinade mit einem Messer abstreifen. Die Koteletts pro Seite etwa 6 Minuten grillen.

Pfälzer Saumagen

für 8 Personen
1 Saumagen (vorbestellen)
500 g mehlig kochende Kartoffeln
400 g Rindfleisch
400 g Schweinefleisch
3 Zwiebeln
1 Bund glatte Petersilie
2–3 Eier
2 Brötchen vom Vortag
1 Msp. Muskatnuss
Salz, Pfeffer

Den Saumagen in kaltem Wasser waschen und über Nacht in Salzwasser legen. Die Kartoffeln waschen, mit Wasser bedecken und weich kochen, dann abgießen, kalt abschrecken und über Nacht abkühlen lassen.
Rind- und Schweinefleisch in kleine Würfel schneiden. Die Zwiebeln schälen und grob zerkleinern. Die Brötchen in Scheiben schneiden. Etwa die Hälfte der Fleischwürfel mit Zwiebeln und Brötchen einmal durch die grobe, dann einmal durch die feine Scheibe des Fleischwolfs drehen.
Die Petersilie waschen und trocken schütteln. Die Blättchen abzupfen und fein hacken. Die gekochten Kartoffeln schälen und in Würfel schneiden. Petersilie und Kartoffeln mit dem Fleischteig, den Fleischwürfeln, den Eiern und den Gewürzen vermengen. Die Masse mit Salz und Pfeffer abschmecken und in den gewässerten Saumagen füllen. Die Öffnung mit Küchengarn zunähen. Den Saumagen mit Öl bestreichen und auf dem Grill unter Wenden bei geschlossenem Deckel garen. Das dauert mindestens 2 Stunden. Zum Saumagen passt Weinsauerkraut.

Käse-Kräuter-Schnitzel

für 4 Personen
4 dünne Schweineschnitzel
(à ca. 180 g)
½ Bund Schnittlauch
1 Handvoll frischer Kerbel
½ Bund Petersilie
2 Frühlingszwiebeln
1 EL Olivenöl
3 EL Semmelbrösel
1 Knoblauchzehe
100 g Gorgonzola

Die Schnitzel kalt abwaschen, trocken tupfen und flach klopfen. Die Kräuter waschen, trocken schütteln und fein zerkleinern. Die Frühlingszwiebeln waschen, putzen und ebenfalls fein zerkleinern.
Die Kräuter mit den Frühlingszwiebeln, dem Öl und den Semmelbröseln mischen. Den Knoblauch schälen und dazupressen. Den Gorgonzola in kleine Stücke schneiden und dazugeben. Alles mit einer Gabel gründlich vermengen. Die Schnitzel mit Salz und Pfeffer würzen und mit der Gorgonzolacreme bestreichen, dabei einen Rand frei lassen. Die Schnitzel zusammenklappen und die Enden mit Holzspießchen feststecken. Auf dem Grill unter Wenden garen, bis sie durch sind.

Rosa Roastbeef

Dieser zarte Braten gelingt im Kugelgrill besonders gut, denn er will bei sanfter Hitze gegart werden.

Die Rinderlende kalt abwaschen und trocken tupfen. Das Fleisch mit Olivenöl bestreichen und mit Salz und Pfeffer würzen.

Den Braten im Kugelgrill bei geschlossenem Deckel garen, das dauert etwa 40 Minuten.

Das Roastbeef kann man warm und kalt servieren. Zum warmen Braten schmecken Bratkartoffeln oder Kartoffelpüree sowie gegrilltes Gemüse.

Pommerscher Rippenbraten

Die Backpflaumen klein schneiden. Den Zucker in einem Topf hellgelb karamellisieren lassen, dann den Rotwein angießen und die Pflaumen dazugeben. Alles kurz aufkochen lassen, dann zugedeckt beiseite stellen und über Nacht im Kühlschrank ziehen lassen.

Am nächsten Tag die Äpfel schälen und grob raspeln. Die Backpflaumen abtropfen lassen, den Saft auffangen. Äpfel, Pflaumen, Semmelbrösel und Gewürze vermengen.

Die Schweinerippe außen und innen kalt abwaschen und trocknen, das Fleisch dann außen und innen mit Salz und Pfeffer würzen. Die Apfel-Backpflaumen-Mischung in die Fleischtasche füllen und die Öffnung mit Küchengarn zunähen.

Das Öl mit dem aufgefangenen Rotwein mischen. Die Schweinerippe damit einstreichen und auf dem Grill unter Wenden langsam grillen, bis das Fleisch schön knusprig und die Füllung gar ist.

Die klassische Beilage ist Kartoffelpüree, es passen aber auch Folienkartoffeln dazu oder ein knuspriges Baguette.

Gref-Völsings Rindswürstchen

Diese Würstchen gibt es seit 1894 – sie stammen aus der gleichnamigen Metzgerei in Frankfurt und schmecken gegrillt phantastisch. Dazu passen Kartoffelsalat oder auch Sauerkraut.

Die Würstchen auf einer Seite mehrmals schräg einschneiden oder einstechen und auf dem heißen Grill von beiden Seiten goldbraun grillen.

Die Brötchen auf dem Grill ebenfalls kurz von beiden Seiten anbacken. Anschließend aufschneiden, die Würstchen hineinlegen und mit etwas Senf bestreichen.

Grillbraten

Diesen Braten kennt und liebt man in ganz Deutschland. Es gibt dafür aber auch viele unterschiedliche Rezepte. Man kann ihn gefüllt oder ungefüllt, am Spieß oder auf dem Rost zubereiten.

Das Fleisch vom Metzger so schneiden lassen, dass eine möglichst flache Scheibe entsteht. Majoran und Petersilie waschen und trocken schütteln. Die Blättchen abzupfen und fein hacken. Die Zwiebeln schälen und ebenfalls fein hacken. Den Speck von Schwarte und Knorpeln befreien und in kleine Würfel schneiden.

Die Speckwürfel in einer Pfanne auslassen, Zwiebeln und Kräuter dazugeben und in dem Speckfett kurz andünsten, dann beiseite stellen.

Das Fleisch auf einer Arbeitsfläche ausbreiten und mit dem Handballen etwas flach klopfen. Die Zwiebelfüllung darauf verteilen und das Fleisch aufrollen. Die Fleischroulade mit Küchengarn umwickeln und auch außen mit Salz und Pfeffer würzen.

Die Roulade auf dem Grill unter Wenden garen, dabei immer wieder mit dem Schmalz bestreichen. Zum Schluss nach Belieben auch mit Bier bestreichen.

Currywurst

Man kennt und liebt sie überall in Deutschland, mal schärfer, mal milder, mal mit roter, mal mit heller Wurst, aber in Berlin hat sie Kultstatus und gehört natürlich auch in dieses Buch: die Currywurst.

Die Würste etwa 30 Minuten in die Milch legen und darin mehrmals wenden. Dann herausnehmen und trocken tupfen. Auf dem Grill unter Wenden von beiden Seiten goldbraun braten.

Die gegrillten Würste auf Teller legen, mit dem Ketchup bedecken und mit Curry nach Geschmack bestäuben.

Dazu reicht man Pommes, es schmecken aber auch frisch gebackene Semmeln gut dazu.

Schwäbischer Zwiebelrostbraten

für 4 Personen
4 große Zwiebeln
4–6 EL Butterschmalz
1 TL Zucker
4 Rinderlendensteaks (à ca. 200 g)
Sonnenblumenöl
Salz, Pfeffer

Mit einem Braten hat dieses Gericht herzlich wenig zu tun. Vielmehr handelt es sich um rosa gebratene (hier gegrillte) Rinderlendensteaks, die mit kross gebratenen Zwiebeln serviert werden. Dazu isst man Bratkartoffeln, im Allgäu auch Käsespätzle. Wer's leichter liebt, reicht dazu einen bunten Salat.

Die Zwiebeln schälen, halbieren und in schmale Scheiben schneiden. Das Butterschmalz mit dem Zucker erhitzen und die Zwiebeln darin portionsweise goldbraun rösten.

Die Rinderlendensteaks auf ein Brett legen, mit dem Handballen flach drücken und mit Sonnenblumenöl einstreichen. Die Steaks auf dem Grill von beiden Seiten grillen, sie sollen innen noch rosa sein.

Anschließend mit Salz und Pfeffer würzen und mit den gerösteten Zwiebeln servieren.

Scharfe Putenkeulen

für 4 Personen
4 Putenunterkeulen
1 unbehandelte Zitrone
2 Knoblauchzehen
1 Stück frischer Ingwer (etwa 2 cm)
1 Chilischote
1 Zweig frischer Zitronenthymian
1 TL scharfer Senf
3 EL Olivenöl
Salz

Die Putenkeulen kalt abspülen und trocken tupfen. Die Zitrone heiß waschen und abtrocknen, die Schale fein abreiben, den Saft auspressen. Knoblauch und Ingwer schälen. Den Knoblauch durch die Presse drücken, den Ingwer fein reiben. Die Chilischote waschen, putzen und fein hacken. Den Thymian waschen, trocken schütteln und die Blättchen von den Stielen zupfen. 1 TL Zitronenschale sowie den -saft mit Ingwer, Knoblauch, Chilischote, Senf, Thymian und Öl gründlich verrühren. Das Fleisch rundherum mit der Marinade bestreichen und zugedeckt mindestens 2 Stunden kalt stellen. Die Putenkeulen salzen, auf den Rost legen und unter gelegentlichem Wenden grillen, bis sie schön gebräunt sind. Sie sind gar, wenn beim Einstechen mit einer Gabel oder einem Spieß klarer Saft austritt.

Hamburger Stubenküken

für 4 Personen
4 Stubenküken (à ca. 500 g)
250 g Kalbsfilet
2 Schalotten
150 g Steinpilze
1 Handvoll Kerbel
2 EL Butter
1 Ei
2–3 EL Semmelbrösel
Salz, Pfeffer
Öl

Natürlich kennt und liebt man sie nicht nur in Hamburg – die 6–8 Wochen alten Hähnchen, die früher der Kälte wegen nicht im Stall, sondern in der Stube unter der Ofenbank gehalten wurden: die Stubenküken eben. Denn ihr Fleisch ist zart und fein. Versuchen Sie einmal diese Version.

Die Stubenküken außen und innen kalt abwaschen. Das Kalbsfilet durch die feine Scheibe des Fleischwolfs drehen. Die Schalotten schälen und fein hacken. Die Steinpilze putzen und sehr fein zerkleinern. Den Kerbel waschen und trocken tupfen, die Blättchen abzupfen. Die Butter in einer Pfanne zerlassen, Schalotten, Pilze und Kerbel darin andünsten, dann beiseite stellen und abkühlen lassen. Die Masse mit Ei und Semmelbröseln mischen und mit Salz und Pfeffer würzen. Die Stubenküken innen und außen mit Salz und Pfeffer würzen und mit der Farce füllen. Die Öffnung mit Küchengarn verschließen, die Küken mit Öl bestreichen. Auf dem Grill bei schwacher Hitze mit geschlossenem Deckel garen, dabei immer wieder wenden. Zu diesen zarten Stubenküken passt gegrillter Spargel besonders gut.

Tauben

für 4 Personen
4 junge Tauben
200 ml Milch
1 Brötchen vom Vortag (in Scheiben)
1 EL Rosinen
1 Ei
50 g Sahne
50 g Butter
2 EL gehackte Mandeln
1 TL abgeriebene unbehandelte
Zitronenschale
Salz, Pfeffer, Zucker
Sonnenblumenöl

Heute sind gebratene Tauben eher eine Seltenheit – früher befand sich in so manchem Garten ein Taubenschlag.

Die Tauben innen und außen kalt abwaschen und trocken tupfen. Die Hälfte der Milch erwärmen. Die Brötchenscheiben im Blitzhacker zerkleinern. Die Rosinen mit der warmen Milch begießen und 30 Minuten quellen lassen. Das Ei mit der kalten Milch verrühren, Sahne, Semmelbrösel, Butter, Rosinen, gehackten Mandeln und abgeriebene Zitronenschale dazugeben und alles vermengen. Die Farce mit Salz, Pfeffer und Zucker abschmecken. Die Täubchen außen und innen mit Salz und Pfeffer würzen und mit der Farce füllen. Die Öffnungen mit Küchengarn zunähen. Anschließend mit Öl bestreichen und auf dem Grill unter Wenden garen. Wenn die Glut zu stark ist, die Täubchen in einer Aluform garen.

Gegrillte Barbarie-Entenbrustfilets

für 4 Personen
4 Barbarie-Entenbrustfilets
3 EL Sojasauce
1 EL Honig
2 EL Orangensaft
2 EL Walnussöl
Salz, Pfeffer
Cayennepfeffer

Die Entenbrustfilets auf der Hautseite rautenförmig einschneiden, aber nicht in das Fleisch schneiden.

Für die Marinade die Sojasauce mit Honig, Orangensaft und Walnussöl verrühren. Die Marinade mit Salz, Pfeffer und Cayennepfeffer abschmecken. Die Entenbrustfilets mit dieser Marinade einreiben und etwa 30 Minuten darin ziehen lassen. Die Filets dann herausnehmen und abtupfen. Mit der Hautseite auf den Grill legen und grillen, bis das Fett schön knusprig ist, dabei immer wieder mit der Marinade bestreichen.

Zum Schluss die Filets wenden und nur noch ganz kurz auf dieser Seite grillen.

Tipp: Damit kein Fett ins Feuer tropft, die Filets am besten in einer Aluschale grillen und das Fett zwischendurch abgießen. Zu diesen feinen Filets passen Kartoffeln, aber auch gegrillte Feigen oder gegrilltes Gemüse.

Gänsebraten

Die Gans ist in Deutschland besonders an Martini und Weihnachten ein Traditionsgericht. Vor allem Pommern war früher für seine guten Gänse bekannt. Wer heute eine Gans aus deutschen Landen kaufen möchte, muss sich informieren – in Supermärkten werden meist Importgänse aus Polen oder Ungarn angeboten.

Die Kastanien kreuzweise einschneiden und auf dem Pizzablech über der heißen Glut grillen, bis die Haut aufplatzt. Die Kastanien dann abkühlen lassen, schälen und zerkleinern.

Die Schalotten schälen und fein hacken. Die Äpfel schälen, vom Kerngehäuse befreien und in feine Stifte schneiden. Den Thymian waschen, trocken schütteln und die Blättchen abstreifen.

Den Zucker mit 3 EL Butter in einer Pfanne karamellisieren und die Maroni darin kurz durchschwenken. Die Schalotten, die Äpfel und den Thymian dazugeben.

Die Gänseleber zerkleinern und unter die Maronimischung rühren. Den Sherry hinzufügen und alles kurz durchkochen lassen, bis die Flüssigkeit verkocht ist. Die Masse mit Salz und Pfeffer würzen.

Die Gans außen und innen waschen, dann mit Salz und Pfeffer einreiben. Die Füllung in die Gans füllen und die Öffnung mit Küchengarn zunähen. Die restliche Butter zerlassen und die Gans damit einpinseln. Anschließend auf einen Spieß stecken und über dem Grill unter ständigem Drehen garen, dabei immer wieder mit Butter und Weißwein bestreichen.

Gegrillter Thunfisch

für 4 Personen
4 Thunfischsteaks (à ca. 200 g)
2 Knoblauchzehen
1 TL abgeriebene unbehandelte
Zitronenschale
4 EL Olivenöl
3 Tomaten
8 schwarze Oliven ohne Stein
½ Bund Basilikum
Salz, Pfeffer

Die Thunfischsteaks kalt abspülen, trocken tupfen und mit Salz und Pfeffer würzen. 1 Knoblauchzehe schälen, durch die Presse drücken und mit Zitronenschale und 2 EL Öl mischen. Die Thunfischsteaks damit einstreichen. Die Fischsteaks auf dem Grill (eher am Rand) in etwa 10 Minuten von beiden Seiten garen, sie sollen innen noch rosa sein. Tomaten waschen und klein würfeln, dabei die Stielansätze entfernen. Die Oliven ebenfalls klein würfeln. Das Basilikum waschen und trocken schütteln, die Blättchen in feine Streifen schneiden. Die zweite Knoblauchzehe schälen und durch die Presse drücken, mit dem restlichen Öl, den Tomaten, den Basilikumblättchen und den Oliven mischen. Die Thunfischsteaks auf vorgewärmten Tellern anrichten und die Tomaten-Mischung darüber verteilen. Dazu passen Bratkartoffeln.

Fischfrikadellen

für 4 Personen
800 g Kabeljaufilet
100 g Knödelbrot
1 Zwiebel
1 Bund glatte Petersilie
1 Zweig Dill
2 EL Butter
1 Ei
1 TL unbehandelte Zitronenschale
Salz, Pfeffer

Zubereiten kann man diese feinen Frikadellen natürlich überall, das Rezept stammt aber aus Niedersachsen. Wenn man keinen frischen Fisch bekommt, kann man auch getrost tiefgekühlte Fischfilets nehmen.
Das Kabeljaufilet waschen und von allen Gräten befreien, dann kalt stellen. 100 ml Wasser zum Kochen bringen und das Brot damit übergießen. Die Zwiebel schälen und fein hacken. Die Kräuter waschen und trocken schütteln. Die Petersilienblättchen und die Dillspitzen fein hacken.
Die Butter in einer Pfanne zerlassen und die Zwiebel darin glasig dünsten, Petersilie und Dill hinzufügen und kurz mitdünsten lassen, dann beiseite stellen und abkühlen lassen. Den Fisch mit einem Cutter zerkleinern oder durch den Fleischwolf drehen. Die Farce mit ausgedrücktem Brot, Ei, Kräutermischung und Zitronenschale vermengen und mit Salz und Pfeffer würzen. Aus der Masse knapp handtellergroße, flache Frikadellen formen und diese auf dem Grill von beiden Seiten grillen.
Dazu passt Gurkensalat mit Joghurtdressing.

Gefüllte Heringe

Der Hering gehört zu den wichtigsten Seefischen. Bereits im 7. Jahrhundert wurde Hering gefangen und schon im 9. Jahrhundert wurde Salzhering auf den Märkten angeboten. Hering kennt und liebt man in ganz Deutschland, frisch bekommt man ihn vor allem in den Küstenregionen. Die Heringe waschen und putzen, entlang der Mittelgräte aufschneiden und die Mittelgräte entfernen. Mit einer Pinzette die restlichen Gräten herausziehen. Die Fische innen mit Salz und Pfeffer würzen. Die Zwiebeln schälen und in Halbringe schneiden. Vom Speck 8 Scheiben beiseite legen. Die restlichen Scheiben in Würfel schneiden und in einer Pfanne auslassen. Die Zwiebeln in dem Speckfett hellgelb dünsten. Das Knödelbrot im Blitzhacker zerkleinern. Die Zitrone heiß abwaschen und trocknen, die Schale fein abreiben. Die Petersilie waschen und trocken schütteln, die Blättchen fein zerkleinern. 1 TL Zitronenschale mit dem Brot, den gedünsteten Zwiebeln, den Speckwürfeln und der Petersilie mischen und die Heringe damit füllen. Die Fische mit den beiseite gelegten Speckscheiben umwickeln und von beiden Seiten grillen.

für 4 Personen

8 grüne Heringe

3 Zwiebeln

200 g durchwachsener Speck in sehr dünnen Scheiben

50 g Knödelbrot

1 unbehandelte Zitrone

1 Bund glatte Petersilie

Salz, Pfeffer

Gegrillter Egli

Der Egli oder Kretzer ist eine kleine Barschart, die man gerne am Bodensee isst. Die kleinen Filets schmecken sehr zart – am besten sind sie natur oder in Mandelbutter gebraten. Wenn man den Fisch grillt, sollte man dafür eine Aluform nehmen.
Die Eglifilets von beiden Seiten mit Salz und Pfeffer würzen. Eine Aluform mit der Hälfte der Butter ausstreichen und mit der Hälfte der Mandeln ausstreuen. Die Eglifilets auf einer Seite kurz braten, herausnehmen und die Form wieder mit Butter und Mandeln auskleiden. Dann die zweite Seite braten.
Zum Servieren den Fisch mit der Mandelbutter begießen und der gehackten Petersilie bestreuen.

für 4 Personen

12 Eglifilets (à ca. 60 g)

4 EL Butter

4 EL Mandeln

2 EL gehackte glatte Petersilie

Salz, Pfeffer

Gefüllte Garnelenschwänze

für 4 Personen
12 rohe Garnelenschwänze mit
Schale
1 unbehandelte Zitrone
50 g Semmelbrösel
50 g gemahlene Mandeln
100 ml Kokosmilch
1 Frühlingszwiebel
1 kleine Knoblauchzehe
2 EL Butter
1 Eigelb
1 TL Currypulver
Salz, Pfeffer

Von den Garnelenschwänzen die Schale ablösen, das Schwanzende aber dran lassen. Die Garnelen am Rücken entlang aufschneiden und den schwarzen Darm entfernen, kalt abspülen und trocken tupfen. Die Zitrone heiß abwaschen und trocken reiben. Die Schale fein abreiben und den Saft auspressen. Die Garnelen mit dem Saft beträufeln, mit Salz und Pfeffer würzen und kalt stellen. Semmelbrösel, Mandeln und 1 TL Zitronenschale in einer Schüssel mischen. Die Kokosmilch zum Kochen bringen. Die Bröselmischung mit der heißen Milch begießen und etwa 15 Minuten quellen lassen. Die Frühlingszwiebel schälen und sehr fein hacken. Den Knoblauch schälen und durch die Presse drücken. Eine Alu-Grillschale mit etwas Butter bestreichen. Die restliche Butter, das Eigelb, die Frühlingszwiebel und den Knoblauch unter die Bröselmischung rühren. Die Garnelen mit der Schnittfläche nach oben in die Aluschale legen. Die Bröselmischung auf den Garnelen verteilen und diese im geschlossenen Kugelgrill garen, bis die Garnelen durch sind und die Bröselmasse fest ist.

Miesmuscheln

für 4 Personen
2 kg Miesmuscheln
1 kleine Möhre
1 Zwiebel
1 Stange Sellerie
½ Bund glatte Petersilie
200 ml Weißwein
2 EL halbtrockener Sherry
Salz, Pfeffer

Muscheln werden vor allem am Meer gegessen, aber auch im Rheinland liebt man Miesmuscheln.
Die Miesmuscheln gründlich abbürsten und waschen, geöffnete Exemplare wegwerfen, sie sind verdorben. Die Möhre schälen und in kleine Würfelchen schneiden. Die Zwiebel schälen und fein hacken. Den Sellerie waschen und ebenfalls fein würfeln. Die Petersilie waschen, trocken schütteln und fein zerkleinern. Eine Aluschale mit Olivenöl bestreichen, die Miesmuscheln hineingeben und mit dem Gemüse bestreuen. Den Wein und den Sherry darübergießen und alles mit Salz und Pfeffer würzen. Die Aluschale mit einem Stück Alufolie abdecken. Die Muscheln auf dem Grill etwa 10 Minuten garen, dann die Folie entfernen. Noch geschlossene Muscheln wegwerfen. Die geöffneten Muscheln mit dem Sud und frischem Weißbrot servieren.

Gegrillter Lachs mit Fenchel

für 4 Personen
4 Scheiben Lachsfilet (à ca. 200 g)
1 unbehandelte Zitrone
1 kleine rote Chilischote
1 Knoblauchzehe
5 EL Olivenöl
2 Fenchelknollen
1 TL Fenchelsamen
1 EL Pernod
80 g weiche Butter
Salz, Pfeffer

Die Fischfilets kalt abspülen und trocknen. Die Zitrone heiß abwaschen und trocken reiben. Die Schale fein abreiben, den Saft auspressen. Die Chilischote waschen, putzen, die kleinen Kerne entfernen und die Schote fein hacken. Das Olivenöl mit der Zitronenschale, der Chilischote und dem Knoblauch mischen. Die Lachsfilets damit marinieren und in den Kühlschrank stellen. Inzwischen den Fenchel waschen und halbieren. Den harten Strunk entfernen. Das Fenchelgrün fein hacken. Die Samen in einem Mörser zerstoßen. Die Butter mit den Fenchelsamen, dem -grün und dem Pernod verrühren, eine Aluschale mit der Hälfte der Butter bestreichen und die Fenchelhälften darauflegen. Mit der restlichen Butter in Flöckchen belegen und grillen, bis der Fenchel bissfest ist. Den Lachs mit Salz und Pfeffer würzen, ebenfalls in eine Aluschale legen und grillen. Mit den Fenchelhälften servieren.

Tipp: Soll der Fisch direkt auf dem Grillrost gegart werden, die Marinade zuvor etwas abstreifen und den Fisch während des Grillens auf der Oberseite immer wieder damit bestreichen.

Finkenwerder Scholle

für 2 Personen
2 Schollen, küchenfertig vorbereitet
100 g durchwachsener Speck
300 g Nordmeerkrabben
Salz, Pfeffer

Ein klassisches Hamburger Gericht, das nicht nur den Norddeutschen schmeckt.
Den Grill anheizen. Die Schollen innen und außen gründlich waschen und mit Salz und Pfeffer würzen. 2 Fischgrillkörbe mit Öl einreiben und die Schollen hineinlegen. Den Speck von Schwarte und Knorpel befreien und in kleine Würfel schneiden. Die Schollen auf den Grill legen und von der einen Seite etwa 10 Minuten grillen. Die Krabben mit kaltem Wasser abspülen und abtropfen lassen oder mit Küchenpapier trocken tupfen. Den Speck in einer Pfanne auslassen. Die Krabben zu den Speckwürfeln geben und in dem Speckfett durchschwenken. Die Fische wenden und auch von der anderen Seite etwa 5 Minuten grillen. Mit der Speck-Krabben-Mischung servieren.

Feine Beilagen, pikante Saucen und heiße Desserts
„Die perfekte Ergänzung zu Gegrilltem"

Fruchtiges, Frisches, Süßes, Scharfes

Was wäre ein saftiges Steak ohne Kräuterbutter oder die knackige Bratwurst ohne Senf? Nur das halbe Vergnügen! Denn erst „Beiwerk" und „Würze" adeln ein Gericht. Mit Sauce, Chutney oder einer raffinierten Beilage mausert sich manch einfaches Fleischstück oder Fischfilet zur Delikatesse. Lassen Sie sich bei der Auswahl der Zutaten vom saisonalen Angebot inspirieren – oder plündern Sie Ihren Garten.

Brote begleiten jede Mahlzeit, auch Salate sind ein Muss – egal ob Sie grillen, ein Picknick, eine Brotzeit oder ein Gartenfest planen. Würzige Kräuterfladen oder kräftige Nussbrote vom Grill sind ein Hochgenuss! Salate passen perfekt in die warme Jahreszeit – knackig frisch, mit würzigem Dressing und vor allem schmackhaft, passen sie zu fast alle Speisen, Dazu sorgen sie für die nötigen Vitamine und sind ein Hingucker auf jeder Freilufttafel.

Dass sich auch Desserts auf dem Grill zubereiten lassen, mag manchen verwundern, aber vom Rost schmecken sie oft sogar besonders fein, denn in der Hitze entwickeln sich Aromen extrem gut: Früchte schmecken intensiver, Kräuter- und Gewürzaromen explodieren förmlich und bescheren uns so ein einzigartiges Geschmackserlebnis.

Verfügen Sie über einen Kugelgrill, können Sie darin sogar einen Kuchen backen – was Sie unbedingt versuchen sollten, denn Grillkuchen sind unvergleichlich luftig und saftig. Und außerdem nutzen Sie so die Restwärme des Grills zur Freude Ihrer Gäste.

Gebratene Champignons

für 4 Personen
100 g durchwachsener Speck
1 Bund Frühlingszwiebeln
500 g Egerlinge
1 Zweig frischer Zitronenthymian
1 Knoblauchzehe
3 EL Olivenöl
1 EL Aceto Basamico

Den Speck von Schwarte und Knorpeln befreien und in kleine Würfel schneiden. Die Frühlingszwiebeln waschen und putzen, dann in Ringe schneiden.

Die Egerlinge putzen und in Scheiben schneiden. Den Thymian waschen und trocken schütteln, die Blättchen abzupfen. Den Knoblauch schälen und durch die Presse drücken.

Eine Pfanne auf dem Grill erhitzen, den Speck darin anbraten. Die Speckwürfel entfernen, 1 EL Öl in die Pfanne geben. Die Frühlingszwiebeln und die Champignons darin anbraten.

Den Thymian und den Knoblauch dazugeben und alles durchrühren, dann mit Salz, Pfeffer und Aceto abschmecken, in eine Schale füllen und lauwarm servieren.

Gebackene Rote Bete

für 4 Personen
4 kleine Rote Bete
200 g Schmand
1 Bund Schnittlauch
Salz, Pfeffer
Öl

Die Rote Bete waschen. 4 Stücke Alufolie mit Öl bestreichen und die Knollen darin einschlagen. Die Päckchen in die Glut legen und etwa 1 Stunde garen.

Inzwischen den Schmand in eine Schüssel geben. Den Schnittlauch waschen, trocken schütteln und in feine Röllchen schneiden. Schnittlauch und Schmand verrühren, mit Salz und Pfeffer würzen.

Die weiche Rote Bete aus der Folie nehmen, schälen und mit dem Schnittlauchschmand servieren.

Karamellisierte Pastinaken

für 4 Personen
2 Pastinaken (ca. 400 g)
3 EL Butter
2 EL Zucker

Die Pastinaken waschen und putzen, mit einem Sparschäler schälen und in etwa 1 cm dicke Scheiben schneiden. Die Butter in einem Topf zerlassen. Ausreichend große Stücke Alufolie abreißen, mit Butter bestreichen und mit Zucker bestreuen. Die Pastinakenscheiben auf die Alufolie legen, ebenfalls mit Butter bestreichen und Zucker bestreuen. Die Scheiben dann in die Alufolie einschlagen und in der Glut des Grills etwa 20 Minuten garen. Die Pastinaken passen gut zu Schweine- oder Kalbsbraten.

Käsekartoffeln

für 4 Personen
4 große, längliche Bio-Kartoffeln
(mehlig kochend)
100 g geriebener Gruyère oder
Schweizer Emmentaler
150 g saure Sahne
Salz, Pfeffer, Kümmel

Die Kartoffeln gründlich abbürsten, dann an der Oberseite fächerförmig einschneiden. Den Käse mit der sauren Sahne vermengen und die Creme auf den Kartoffeln verteilen. Die Kartoffeln mit Salz und Pfeffer würzen und mit Kümmel bestreuen, dann in Alufolie wickeln und in der Glut etwa 1 Stunde backen, bis sie weich sind. Man kann die Kartoffeln auch bei geschlossenem Deckel im Kugelgrill garen. Sie schmecken zu gegrilltem Geflügel oder Kalb, sind aber auch solo mit einem bunten Salat ein wunderbares Hauptgericht.

Rahmkartoffeln

für 4 Personen
8 mittelgroße Bio-Kartoffeln
(mehlig kochend)
2 EL weiche Butter
Salz, Pfeffer, 150 g Sahne
50 g geriebener Parmesan

Die Kartoffeln waschen, schälen und in etwa 2 cm dicke Scheiben schneiden. Eine Aluschale dick mit Butter ausstreichen. Die Kartoffelscheiben hineinschichten, mit Salz und Pfeffer würzen. Die Sahne mit dem Parmesan verrühren und über die Kartoffelscheiben gießen. Die Aluschale mit Alufolie verschließen und die Kartoffeln in der geschlossenen Form etwa 1 Stunde garen.

Kümmelkartoffeln

für 4 Personen
8 mittelgroße Bio-Kartoffeln
(mehlig kochend)
2 EL Butter
2 EL Kümmel
Salz, Pfeffer

Dieses Kartoffelgericht habe ich in meiner Kindheit heiß geliebt. Wir nannten es „Volgetshauser Kartoffeln". Dazu gab's bei uns Quark mit Schnittlauch und kleingeschnittenen Zwiebeln, den „Luckeleskäs".
Die Kartoffeln gründlich abbürsten und längs halbieren. Eine Aluschale mit der Butter ausstreichen und mit Kümmel bestreuen. Die Schnittfläche der Kartoffeln mit Salz und Pfeffer würzen. Mit der Schnittfläche nach unten nebeneinander in die Aluschale setzen und im geschlossenen Kugelgrill etwa 40 Minuten garen.

Kartoffelpflänzchen

für 4 Personen
100 g Dinkelmehl
50 g Grünkernschrot
100 ml Fleischbrühe
700 g gekochte Kartoffeln
vom Vortag (mehlig kochend)
2 Zwiebeln
1 Bund Petersilie
2 EL Butter
2 Eier
Salz, Muskatnuss

Dinkelmehl und Grünkernschrot in eine Schüssel geben. Die Fleischbrühe erhitzen und mit dem Mehlgemisch verrühren, alles etwa 20 Minuten quellen lassen.
Inzwischen die Kartoffeln schälen und grob raspeln. Die Zwiebeln schälen und fein hacken. Die Petersilie waschen, trocken schütteln und die Blättchen fein zerkleinern. Die Butter in einer Pfanne zerlassen, Zwiebel und Petersilie darin andünsten.
Die Zwiebel-Kräuter-Mischung mit den Kartoffeln, der Mehlmischung und den Eiern vermengen, die Masse mit Salz, Pfeffer und Muskatnuss abschmecken. Aus der Masse kleine Frikadellen formen und diese auf dem Grill von beiden Seiten garen.
Am besten gelingen die Pflänzchen, wenn man sie auf einer Aluschale grillt, die man zuvor mit Butterschmalz bestrichen hat.

Scharfe Kartoffeln

für 4 Personen
4 große, längliche Bio-Kartoffeln
(mehlig kochend)
3 EL Sonnenblumenöl
1 TL Paprikapulver rosenscharf
Salz, Pfeffer

Die Kartoffeln gründlich waschen und trocken reiben. Die Kartoffeln an der Oberseite fächerförmig einschneiden, mit Salz und Pfeffer würzen. Das Öl mit dem Paprikapulver verquirlen und über die Kartoffeln träufeln. Dann in Alufolie wickeln und in der Glut etwa 1 Stunde garen.

Gemischte Pilze

für 4 Personen
500 g gemischte frische Pilze, je
nach Geschmack und Angebot
(z. B. Kräutersaitlinge, Austern-,
Steinpilze, Pfifferlinge, Champi-
gnons)
2 Knoblauchzehen, Olivenöl
1 EL fein gehackte Petersilie
Salz, Pfeffer

Die Pilze putzen und eventuell halbieren, vierteln oder in Scheiben schneiden, dann in eine Schüssel geben. Den Knoblauch schälen und durch die
Presse drücken, mit dem Öl mischen und die Pilze damit beträufeln. Zugedeckt etwa 30 Minuten stehen lassen.

Die Pilze aus dem Öl heben und auf Küchenpapier abtropfen lassen, dann
in eine Aluschale oder eine Pfanne geben und mit Salz und Pfeffer würzen. Die Pilze unter Wenden garen, mit der Petersilie bestreuen und servieren.

Die Pilze schmecken zu jeder Art von gegrilltem Fleisch, aber auch zu
Fleisch- oder Gemüsepflanzerln.

Gegrilltes Gemüse

für 4 Personen
500 g grüner Spargel
1 Fenchelknolle
1 Zucchini
je 1 gelbe und rote Paprikaschote
1 Aubergine
1 Knoblauchzehe
100 ml Olivenöl
Salz, Pfeffer

Den Spargel waschen. Die Stangen im unteren Drittel schälen, die Enden
abschneiden. Den Fenchel waschen und putzen, die Knolle halbieren. Die
Zucchini waschen, die Enden entfernen und die Stange quer in etwa 1 cm
dicke Scheiben schneiden.

Die Paprikaschoten waschen und halbieren. Die Stielansätze, weißen
Kerne und Trennwände entfernen. Die Aubergine waschen und die Enden
abschneiden. Die Frucht längs in etwa 1 cm dicke Scheiben schneiden.

Die Knoblauchzehe schälen und durch die Presse drücken, mit dem Olivenöl verrühren. Das Gemüse mit dem Knoblauchöl einstreichen, mit Salz
und Pfeffer würzen. Dann auf dem Grillrost oder in einer Aluschale grill-
len, bis es bissfest ist.

Gegrilltes Gemüse ist die perfekte Begleitung zu Fisch, aber auch zu gegrilltem Geflügel passt es wunderbar. Das Gemüse entfaltet auf dem Grill
ein wunderbares Aroma.

Gefüllte Riesenchampignons

Feine Beilagen, pikante Saucen und heiße Desserts

für 4 Personen
8 große Champignons
2 Schalotten
½ Bund Petersilie
2 EL Butter
60 g magerer Schinken
50 g Semmelbrösel
3 EL geriebener Parmesan
1 Ei
Salz, Pfeffer, Cayennepfeffer
Olivenöl

Die Champignons abbürsten, die Stiele aus den Köpfen brechen und fein hacken. Die Schalotten schälen und in sehr kleine Würfel schneiden. Die Petersilie waschen, trocken schütteln und die Blättchen ohne die groben Stiele fein hacken. Die Butter in einer Pfanne erhitzen, die Schalotten und die Petersilie darin andünsten. Die klein geschnittenen Stiele hinzufügen und mitdünsten, bis alle Flüssigkeit verkocht ist. Die Masse beiseite stellen. Die Pilze innen mit Salz und Pfeffer würzen. Den Schinken in kleine Würfel schneiden, mit den Semmelbröseln, dem Parmesan und dem Ei unter die Schalotten-Petersilien-Mischung rühren. Die Masse mit Salz, Pfeffer und Cayennepfeffer würzen und in die Pilzhüte füllen. Eine Aluform mit Öl ausstreichen, die gefüllten Champignons hineinsetzen und in einem Kugelgrill bei geschlossenem Deckel grillen, bis die Pilze gar sind. Dazu passen Scheiben von aufgebackenem Baguette, die mit Knoblauchöl eingestrichen werden.

Gefüllter Kohlrabi

für 4 Personen
4 junge Kohlrabi
1 Brötchen vom Vortag
100 ml Milch
1 Zwiebel
1 Handvoll Kerbelblättchen
2 EL Butter
1 Ei
50 g geriebener Parmesan
50 g gemahlene Mandeln
Salz, Pfeffer, Muskatnuss

Den Kohlrabi von den Blättern befreien. Wasser in einem Topf erhitzen. Sobald das Wasser kocht, 1 EL Salz hinzufügen, die Kohlrabi hineingeben und darin etwa 20 Minuten kochen.

Das Brötchen in feine Scheiben schneiden. Die Milch erhitzen und das Brötchen damit übergießen, etwa 30 Minuten quellen lassen.

Die Zwiebel schälen und fein hacken. Den Kerbel waschen, trocken schütteln und die Blättchen ohne die groben Stiele fein hacken. Die Butter in einer Pfanne zerlassen und die Zwiebel und die Kerbelblättchen darin andünsten. Das Kohlrabigrün ebenfalls fein hacken und kurz mitdünsten.

Die Kohlrabi herausnehmen und halbieren. Das Innere mit einem scharfen Messer herauslösen und fein zerkleinern. Die ausgehöhlten Kohlrabi innen mit Salz und Pfeffer würzen.

Die eingeweichten Brötchen mit der gedünsteten Zwiebel-Kräuter-Mischung, dem Ei, Parmesan, Mandeln und ausgelöstem Kohlrabifleisch vermengen und mit Salz, Pfeffer und Muskatnuss abschmecken.

Die Masse in die Kohlrabi füllen. Eine Aluschale mit Butter ausstreichen und die Kohlrabi hineinsetzen. Im Kugelgrill bei geschlossenem Deckel grillen, bis die Kohlrabi ganz durch sind.

Dazu passt Tomaten- oder Blattsalat.

Gemüse-Käse-Spieße

für 4 Personen
200 g Feta
Je ½ rote und gelbe Paprikaschote
1 Stück Hokkaido-Kürbis (ca. 150 g)
2 rote Zwiebeln
Olivenöl

Den Feta in 16 gleich große Würfel schneiden. Die Paprikaschoten waschen, putzen, von den Kernen und den weißen Zwischenwänden befreien und jeweils in 16 gleich große Stücke schneiden.

Den Kürbis waschen, schälen und in Würfel schneiden. Die Zwiebeln schälen und längs achteln, dabei die Enden entfernen.

Die Zutaten abwechselnd auf Schaschlik-Spieße stecken und mit Öl beträufeln. Die Spieße unter Wenden rundum grillen, bis das Gemüse gar ist.

Roher Krautsalat

für 4 Personen
1 kleiner Kopf Weißkraut (ca. 800 g)
1 EL Salz
2 Schalotten
3 EL Weißweinessig
1 TL Zucker
4 EL Sonnenblumenöl
2 TL Kümmel

Man kennt und liebt ihn nicht nur in Bayern, auch in griechischen Restaurants bekommt man ihn oft, den rohen Krautsalat. Er ist eine echte Vitaminbombe, allerdings ein bisschen schwer verdaulich – hier hilft der Kümmel: Wer Probleme mit dem Magen hat, darf ruhig ein oder zwei Teelöffel mehr davon nehmen.

Den Krautkopf vierteln und den dicken Strunk entfernen, die Viertel waschen. Das Kraut in feine Streifen schneiden oder hobeln und in eine große Schüssel füllen. Das Salz darüber streuen und alles mit einem Kartoffelstampfer kräftig stampfen, dann mindestens 30 Minuten ziehen lassen. Inzwischen die Schalotten schälen und fein hacken. Essig, Zucker und Öl verquirlen. Die Schalotten und das Dressing unter das gehobelte Kraut mischen und den Salat weitere 30 Minuten ziehen lassen. Zum Schluss den Kümmel unter das Kraut mischen. Den Salat nach Belieben noch mit Salz, Pfeffer, Essig und Öl abschmecken.

Bettsaicherlesalat mit Kracherle

für 4 Personen
400 g junger Löwenzahn
4 Scheiben Vollkorntoast
6 EL Sonnenblumenöl
Knoblauchzehe
1 Schalotte
2 EL Weißweinessig
1 TL Zucker
½ TL Salz

Manche mögen den Namen befremdlich finden, aber dahinter verbirgt sich nichts anderes als ein überaus feiner Löwenzahnsalat mit gerösteten Weißbrotcroûtons, die zwischen den Zähnen „krachen". In Baden, seiner Heimat, liebt man eben eine „blumige" Sprache.

Den Löwenzahn waschen und abtropfen lassen oder trocken schleudern. 3 EL Öl in einer Pfanne erhitzen. Den Knoblauch schälen und durch die Presse in das Öl drücken. Den Toast würfeln und in dem Knoblauchöl knusprig braten, dann beiseite stellen.

Die Schalotte schälen und fein hacken. Den Essig mit dem restlichen Öl, Zucker und Salz verquirlen. Die Schalotte daruntermischen. Den Löwenzahn mit dem Dressing anmachen und die Kracherle darüber streuen.

Rettichsalat

für 4 Personen
4 große Rettiche
2 EL Weißweinessig
1 TL Zucker
4 EL Sonnenblumenöl
1 Bund Schnittlauch
Salz

Den Bierradi bekommt man im bayerischen Biergarten, aber auch im übrigen Deutschland kennt und liebt man Rettich – vor allem als Salat.

Die Rettiche waschen, putzen, grob raspeln und mit 2 TL Salz in einer Schüssel mischen. Zugedeckt etwa 1 Stunde ziehen lassen, dann ausdrücken. Weißweinessig mit Zucker und ½ TL Salz mischen. Das Öl hinzufügen und die Vinaigrette cremig aufschlagen. Den Schnittlauch waschen, trocken schütteln und in feine Röllchen schneiden.

Den Rettich mit der Vinaigrette mischen und mit dem Schnittlauch bestreut servieren.

Karfiolsalat

für 4 Personen
1 Blumenkohl
1 Zwiebel
½ Bund Schnittlauch
½ Bund glatte Petersilie
1 TL Zucker
3 EL milder Weißweinessig
5 EL Sonnenblumenöl
Salz

Karfiol, so nennt man in Österreich den Blumenkohl. Dieser Salat schmeckt wunderbar zu allen gegrillten Geflügelgerichten.

Den Blumenkohl von den Blättern befreien und für 1 Stunde in kaltes Salzwasser legen, um ihn von kleinem Getier zu befreien.

Reichlich Wasser mit Salz zum Kochen bringen. Den Blumenkohl dann in die einzelnen Röschen teilen und diese im Salzwasser bissfest garen, abgießen und kalt abschrecken.

Die Zwiebel schälen und fein hacken. Die Kräuter waschen und trocken schütteln. Den Schnittlauch in feine Röllchen schneiden, die Petersilienblättchen fein hacken.

Zucker mit ½ TL Salz, Essig und Öl verquirlen und die noch warmen Blumenkohlröschen damit übergießen. Die Zwiebelwürfel und die zerkleinerten Kräuter dazugeben und alles locker vermengen.

Kartoffel-Bohnen-Salat

für 4 Personen
700 g fest kochende Kartoffeln
(z. B. Bamberger Hörnchen)
300 g grüne Bohnen
200 ml kräftige Fleischbrühe
2 EL Weißweinessig
3 Frühlingszwiebeln
½ Bund Schnittlauch
100 g magerer Speck
3 EL Sonnenblumenöl
Salz, Pfeffer

Die Kartoffeln waschen, dann mit Wasser in einen Topf geben und in der Schale gar kochen. Die fertigen Kartoffeln abgießen und kalt abschrecken, dann kurz abdampfen lassen. Währenddessen die Bohnen waschen, putzen und in etwa 3 cm lange Stücke schneiden. Die Bohnenstücke in Salzwasser bissfest garen, dann abgießen und kalt abschrecken.

Die noch heißen Kartoffeln schälen, in gleichmäßige, nicht zu dünne Scheiben schneiden und in eine Schüssel geben. Die Brühe erhitzen, mit dem Essig verrühren und die Flüssigkeit über die Kartoffeln gießen. Den Salat zugedeckt so lange ziehen lassen, bis er die Flüssigkeit völlig aufgesogen hat. Inzwischen die Frühlingszwiebeln schälen und fein hacken. Den Schnittlauch waschen, trocken schütteln und in feine Röllchen schneiden. Den Speck von Schwarte und Knorpeln befreien und in Würfel schneiden. Die Speckwürfel im eigenen Fett kurz anbraten.

Zum Schluss Frühlingszwiebeln, Bohnen, Speck und Öl unter den Salat heben. Den Salat mit Salz und Pfeffer abschmecken und mit Schnittlauch bestreut servieren.

Kartoffelsalat

für 4 Personen
1 kg fest kochende Kartoffeln
(z. B. Bamberger Hörnchen)
¼ l kräftige Fleischbrühe
2 EL Weißweinessig
2 TL Senf
1 Zwiebel
1 Bund Schnittlauch
3 EL Sonnenblumenöl
Salz, Pfeffer

Die Kartoffeln waschen, mit Wasser in einen Topf geben und in der Schale gar kochen. Die fertigen Kartoffeln abgießen und kalt abschrecken, dann kurz ausdampfen lassen. Die noch heißen Kartoffeln schälen, in Scheiben schneiden und in eine Schüssel geben. Die Brühe erhitzen, mit dem Essig und dem Senf verrühren und die Flüssigkeit über die Kartoffeln gießen. Den Salat zugedeckt ziehen lassen, bis er die Flüssigkeit völlig aufgesogen hat. Die Zwiebel schälen und fein hacken, mit etwas Salz vermischen und ebenfalls ziehen lassen. Den Schnittlauch waschen, trocken schütteln und in feine Röllchen schneiden. Sobald die Kartoffeln die Brühe aufgenommen haben, die Zwiebel und das Öl unter den Salat heben. Den Salat mit Salz und Pfeffer abschmecken und mit Schnittlauch bestreut servieren.

Schweizer Zwiebelbrötchen

für ca. 10 Brötchen
800 g Zwiebeln
100 ml Olivenöl
2 TL Kümmel
400 g Dinkelvollkornmehl
350 g Weizenmehl
1 TL Salz
½ Würfel frische Hefe
1 Prise Zucker

Die Zwiebeln schälen und in kleine Würfel schneiden. Die Hälfte des Olivenöls in einer beschichteten Pfanne erhitzen, die Zwiebeln darin weich dünsten, dann mit dem Kümmel mischen und beiseite stellen.

Mehl und Salz in einer Schüssel mischen und in die Mitte eine Mulde drücken. Die Hefe hineinbröckeln, mit Zucker bestreuen. 100 ml Wasser erwärmen und in die Mulde gießen. Die Hefe (mit einem Kochlöffelstiel) mit dem Wasser und etwas Mehl verrühren, bis sich die Hefe aufgelöst hat. Die Schüssel mit einem Tuch bedecken und den Vorteig an einem warmen Ort 15 Minuten gehen lassen. 300 ml Wasser erwärmen, zum Teig gießen. Das restliche Öl dazugeben und alles zu einem elastischen Teig verkneten. Den Teig zugedeckt an einem warmen Ort etwa 30 Minuten gehen lassen. Den gegangenen Teig auf bemehlter Fläche durchkneten und etwa ½ cm dick ausrollen. Aus der Teigplatte 10 gleich große Rechtecke schneiden. Auf den Rechtecken die Zwiebeln verteilen, dabei rundum einen Rand frei lassen. Die Rechtecke über die Füllung schlagen, die Enden fest zusammendrücken. Die Brötchen auf ein geöltes Pizzablech setzen und im geschlossenen Kugelgrill backen, bis sie durch sind. Dabei mindestens einmal wenden.

Buchweizenpfannkuchen

für 4 Personen
200 g Buchweizenmehl
4 Eier
200 ml Mineralwasser
Salz

In Russland kennt man sie als Blinis – kleine Pfannkuchen, die sowohl in der süßen als auch in der pikanten Variante köstlich schmecken.

Das Mehl mit den Eiern verquirlen, dann das Wasser unterrühren. Den Teig mit Salz würzen und mindestens 15 Minuten quellen lassen. Er soll eine dickflüssige Konsistenz haben. Eine Pfanne auf den Grill stellen. Etwas Butter in der Pfanne zerlassen und mit einem kleinen Schöpflöffel Teig in die Pfanne geben und so nacheinander kleine Pfannkuchen von etwa 10 cm Durchmesser backen. Die Pfannkuchen mit Sauerrahm und Kaviar oder süß mit Ahornsirup oder Honig servieren.

Schwäbische Seelen

für 6 Stück
300 g Weizenmehl
300 g Dinkelvollkornmehl
1 Würfel Hefe
1 TL Zucker
1 EL Salz
1 EL Kümmel
1 EL grobes Meersalz

Ebenso wie Brezeln sind auch die Seelen eine typisch schwäbische Kleinbrotspezialität. Ihr Name geht sehr wahrscheinlich auf das Fest Allerseelen zurück.

Das Mehl in eine Schüssel geben, eine Vertiefung hineindrücken, die Hefe hineinbröckeln. Die Hefe mit Zucker bestreuen. ¼ l Wasser erwärmen. 100 ml davon zur Hefe geben, diese mit dem Wasser und etwas Mehl verrühren. Die Schüssel mit einem Tuch abdecken und den Vorteig etwa 15 Minuten gehen lassen. Das restliche Wasser und das Salz hinzufügen und alles zu einem geschmeidigen Teig verkneten. Den Teig zugedeckt an einem warmen Ort nochmals 1 Stunde gehen lassen. Mit feuchten Händen etwa 25 cm lange Stangen formen, auf ein Brett legen und zugedeckt weitere 30 Minuten gehen lassen. Ein Backblech mit Backpapier auslegen. Den Backofen auf 200 °C vorheizen. Die Stangen mit Abstand auf das Backblech legen und mit kaltem Wasser bestreichen, dann mit Salz und Kümmel bestreuen. Die Seelen im Backofen in etwa 30 Minuten knusprig backen. Sie sollen außen knusprig, müssen innen aber noch saftig sein.

Schneller Brotfladen

100 g Dinkelvollkornmehl
150 g Weizenvollkornmehl
2 TL Backpulver
⅛ l Milch
50 g Butter
Butter für das Pizzablech
Salz

Das Mehl mit ½ TL Salz und dem Backpulver in einer Schüssel mischen. Milch und Butter in einen Topf geben und erwärmen, bis die Butter geschmolzen ist. Die Butter-Milch-Mischung zum Mehl geben und mit einer Gabel gründlich untermengen. Den Teig mit den Händen kurz durchkneten und zur Kugel formen. Ein Pizzablech mit Butter bestreichen. Den Teig rund ausrollen und auf das Pizzablech legen. Mit dem Rücken eines großen Messers oder mit einer Palette 8 Stücke auf dem Teig markieren. Den Fladen im geschlossenen Kugelgrill etwa 15 Minuten backen. Herausnehmen, abkühlen lassen und ganz frisch servieren.

Tipp: Der Teig wird noch aromatischer, wenn Sie 2–3 EL geriebenen Parmesan, 100 g Speck- oder Schinkenwürfel oder 100 g Bergkäse untermischen.

Tomaten-Fladen

für 2 Fladen (ca. 30 cm ø)

für den Teig
150 g Weizenmehl
150 g Dinkelvollkornmehl
20 g Hefe (½ Würfel)
1 Prise Zucker
150 ml lauwarmes Wasser
1 TL Salz
4 EL Öl
Mehl zum Ausrollen
Fett für das Blech

für den Belag
1 große Zwiebel
2 EL Olivenöl
1 Knoblauchzehe
1 Dose gehackte Tomaten
6 EL Tomatenmark
je 2 TL getrockneter Oregano, Thymian und Basilikum
4 große Tomaten
250 g Büffel-Mozzarella
Salz, Pfeffer

Das Mehl in eine Schüssel sieben, in die Mitte eine Mulde drücken. Die Hefe hineinbröckeln, mit Zucker, 3 EL warmem Wasser und etwas Mehl verrühren. Den Vorteig zugedeckt an einem warmen Ort etwa 15 Minuten gehen lassen.

Inzwischen die Zwiebel schälen und fein hacken. Das Öl erhitzen, die Zwiebel darin weich dünsten. Den Knoblauch schälen und dazupressen. Das Tomatenmark und die Tomaten hinzufügen und mit Salz, Pfeffer, Oregano, Thymian und Basilikum würzen. Die Sauce etwa 30 Minuten kochen lassen, bis sie schön sämig ist.

Das Öl zum Vorteig geben, dann so viel von dem Wasser dazugeben, dass ein geschmeidiger Teig entsteht. Alle Zutaten gründlich verkneten und den Teig zugedeckt weitere 45 Minuten gehen lassen.

Den Mozzarella abtropfen lassen und in Scheiben schneiden. Die Tomaten waschen und ebenfalls in Scheiben schneiden, dabei die Stielansätze entfernen. Ein Pizzablech einfetten.

Den Teig halbieren, eine Hälfte rund ausrollen, den restlichen Teig beiseite legen. Den ausgerollten Teig auf das Pizzablech legen, mit Tomatensauce bestreichen und mit Tomaten und Mozzarella belegen. Die Pizza auf dem Grill bei starker Hitze backen. Mit der zweiten Teighälfte ebenso verfahren.

Tipp: Diese Fladen gelingen am besten im Kugelgrill. Den Deckel schließen, dann ist der Brotfladen in etwa 15 Minuten fertig. Je nach Jahreszeit kann man die Fladen auch mit anderem Gemüse backen. Grüner Spargel schmeckt zum Beispiel fein, Rucola gibt einen pikanten Geschmack. Will man eher eine Art Brot haben, backt man den Teig in einer Portion und belegt den Fladen mit gehackten Rosmarinnadeln sowie eingelegten, getrockneten Tomaten und etwas Meersalz. Deftiger sind Zwiebel- und Speckwürfelchen, zu denen Kümmel als Gewürz passt.

Speckfette Arfken

für 4–6 Personen
300 g graue Erbsen
300 g Backpflaumen ohne Stein
½ Zimtstange
1 Gewürznelke
1 Stück unbehandelte Zitronenschale
2 TL Zucker
100 ml Rotwein
100 g durchwachsener Speck
3 Zwiebeln
50 g Butter
Salz

Dieses kleine Gericht kennt und liebt man in Ostfriesland. Wer das Gericht nachkochen möchte, die Erbsen aber nicht beschaffen kann, ersetzt sie durch gelbe Erbsen. Im Städtchen Elmshorn in Schleswig-Holstein gibt es traditionell am Fasching gekochte graue Erbsen, ein Gericht, das dort zwischenzeitlich Kultstatus erlangt hat. Die Erbsen dafür muss man mittlerweile aus den Niederlanden einführen.

Die Erbsen mit Wasser bedecken und über Nacht einweichen lassen. Am nächsten Tag die Erbsen zum Kochen bringen und bei schwacher Hitze in etwa 1 ½ bis 2 Stunden garen. Das Wasser abgießen.

Die Backpflaumen mit Zimtstange, Nelke, Zitronenschale, Zucker und Rotwein aufkochen und so lange kochen, bis sie weich sind.

Den Speck von der Schwarte befreien und in kleine Würfel schneiden. Eine Pfanne erhitzen, die Würfel darin auslassen. Die Zwiebeln schälen und in Ringe schneiden. Die Butter in einer Pfanne erhitzen, die Zwiebeln darin knusprig braun braten.

Erbsen, Pflaumen und Speck getrennt in Schüsseln anrichten und mit Bratkartoffeln zu gegrilltem Fleisch reichen.

Apfelkren

für 4 Personen
150 g Meerrettichwurzel
1 säuerlicher Apfel
1 EL Zitronensaft
2 EL Sahne
Salz, Zucker

Apfelmeerrettich kennt man in ganz Deutschland – als Kren ist er vor allem in Österreich, aber auch in Franken bekannt. Er passt zu gekochtem Ochsenfleisch, geräuchertem Fisch und zu gegrillten Würstchen.

Die Meerrettichwurzel schälen und fein reiben. Den Apfel schälen und ebenfalls fein reiben, sofort mit dem Zitronensaft mischen.

Meerrettich und geriebenen Apfel mit der Sahne vermischen und mit Salz und Zucker abschmecken.

Frankfurter Grüne Sauce

für 4 Personen
4 hart gekochte Eier
2 EL Sonnenblumenöl
1 EL Weißweinessig
1 TL Dijonsenf
je ½ Bund Sauerampfer, Schnitt-
lauch, Kerbel, Estragon, Pimpinelle
150 g saure Sahne, 50 g Sahne
Salz, Pfeffer, Zitronensaft

Sie ist geradezu legendär – und auch Geheimrat Goethe war ein großer Fan dieser feinen Kräutersauce, von der es zahlreiche Rezepte gibt und die bei keinem Grillfest fehlen sollte.

Die hart gekochten Eier schälen, das Eigelb herauslösen, das Weiße fein hacken. Die Eidotter mit dem Öl, dem Essig und dem Senf verrühren.

Die Kräuter waschen, trocken schütteln und fein hacken. Mit der sauren Sahne und der Sahne verrühren, das Eiweiß und die angerührten Eigelbe hinzufügen und alles vermengen.

Die Sauce mit Salz, Pfeffer und Zitronensaft abschmecken. Sie passt sehr gut zu helleren Fleischsorten, Geflügel und Fisch.

Schwarze Johannisbeersauce

für 4 Personen
300 g schwarze Johannisbeeren
3 EL Zucker
200 ml Rotwein
1 Stück Zimtstange
1 Stück unbehandelte Orangenschale
2 Pfefferkörner
5 Senfkörner
1 Nelke
1 EL Aceto Balsamico (10 Jahre alt)

Sie ist der perfekte Begleiter für Wildfleisch, passt aber auch zu Rinderfilet sehr gut.

Die Johannisbeeren waschen, von den Stielen streifen und abtropfen lassen. Den Zucker in einen Topf geben und hellgelb karamellisieren lassen. Den Rotwein angießen, Zimtstange, Orangenschale, Pfeffer-, Senfkörner und Nelke hinzufügen und alles köcheln lassen, bis der Zucker sich aufgelöst hat. Die Johannisbeeren mitkochen lassen, bis sie weich sind. Die Sauce etwas abkühlen lassen, dann durch ein Sieb streichen und mit Aceto Balsamico abschmecken.

Sauerampfersauce

für 4 Personen
2 Handvoll Sauerampferblätter
2 Schalotten
2 EL Butter
1 EL Mehl
100 g Sahne
100 ml Fleischbrühe
3–4 EL Weißwein
Salz, Pfeffer

Früher gab es Sauerampfer häufig. Als Kinder haben wir ihn auf den Wiesen gepflückt und roh gegessen. Wir liebten seinen feinherben, säuerlichen Geschmack. Eine Zeitlang schien er völlig von den Wiesen verschwunden zu sein – er wurde weggedüngt. Jetzt besinnt man sich wieder auf die feine Würze dieses Wildkrautes – in ganz Deutschland.

Den Sauerampfer waschen und trocken schütteln, die Blätter fein hacken. Die Schalotten schälen und ebenfalls fein hacken. Die Butter in einer Pfanne zerlassen, Schalotten und Sauerampfer darin andünsten. Das Mehl darüber stäuben und kurz anschwitzen lassen. Dann die Sahne, die Fleischbrühe und den Weißwein dazugeben und alles aufkochen lassen.

Die Sauce bei schwacher Hitze etwa 10 Minuten köcheln lassen, dann mit Salz und Pfeffer abschmecken und abkühlen lassen.

Stachelbeersauce

für 4 Personen
250 g Stachelbeeren
2 EL Zucker
¼ l Weißwein
½ Stange Zimt
1 Nelke
2 Pimentkörner
1 unbehandelte Zitrone
20 g kalte Butter

Diese feinsäuerliche Sauce passt hervorragend zu Geflügel, aber auch zu Kalbfleisch. Ein Rezept aus Brandenburg.

Die Stachelbeeren waschen und putzen. Den Zucker in einen Topf geben, erhitzen und hellgelb karamellisieren. Den Weißwein angießen und aufkochen lassen, bis sich der Zucker gelöst hat.

Dann die Stachelbeeren und die Gewürze dazugeben. Die Zitrone heiß abwaschen und ein Stück von der Schale abschneiden, zu den Stachelbeeren geben und etwa 5 Minuten mitköcheln lassen. Vom Herd nehmen und zum Schluss die Butter unter die noch warme Sauce rühren. Die Gewürze entfernen und die Sauce kalt stellen.

Holsteiner Nusszwieback

für eine Kastenform (26 cm)
150 g Haselnüsse
3 Eier
100 g Zucker
100 g Weizenmehl
100 g Dinkelvollkornmehl
Fett und Zucker für die Form
Salz

Den Backofen auf 200 °C vorheizen. Ein Backblech mit Backpapier auslegen. Die Haselnüsse darauf verteilen und im Backofen etwa 20 Minuten rösten, dann herausnehmen und erkalten lassen.

Die Eier trennen. Die Eigelbe mit dem Zucker schaumig rühren, die Eiweiße mit einer Prise Salz steif schlagen. Das Mehl auf die Eigelbcreme sieben, den Eischnee daraufgeben, ebenso die Haselnüsse. Alles mit einem Schneebesen locker unter die Eigelbcreme heben. Den Backofen auf 180 °C vorheizen.

Die Kastenform einfetten und mit Zucker ausstreuen. Den Teig einfüllen und etwa 30 Minuten backen. Den Kuchen herausnehmen und abkühlen lassen.

Den Backofen wieder auf 200 °C hochheizen und ein Backblech mit Backpapier auslegen. Den Kuchen in etwa 2 cm dicke Scheiben schneiden und diese auf dem Backblech verteilen. Die Scheiben im Backofen etwa 10 Minuten backen, dann herausnehmen. Trocken und kühl gelagert hält sich der Zwieback bis zu zwei Wochen.

Schweizer Zwetschgenrösti

für 4 Personen
600 g Zwetschgen
200 g Brötchen vom Vortag
5 EL Puderzucker
4 EL Butter
50 ml Weißwein (z. B. Fendant)

zum Bestreuen
Zimt, Zucker

Die Zwetschgen waschen und abtropfen lassen. Die Brötchen in feine Scheiben schneiden. Die Zwetschgen halbieren und entsteinen. Den Zucker in einer Pfanne karamellisieren lassen, 1 EL Butter und den Wein dazugeben. Die Zwetschgen hinzufügen und etwa 3 Minuten dünsten.

In einer zweiten Pfanne die restliche Butter zerlassen und die Brötchenscheiben darin anrösten. Die Zwetschgen (ohne Saft) hinzufügen und kurz mitbraten. Dann nach und nach den Zwetschgensaft unterrühren. Die Zwetschgenrösti heiß servieren und mit Zimt und Zucker bestreuen.

Portwein-Zwetschgen

Die Zwetschgen waschen und halbieren, die Steine entfernen. Den Zucker mit dem Portwein verrühren. Die Walnusskerne hacken.

4 Stücke Alufolie in der Mitte mit der Hälfte der Butter bestreichen, die Zwetschgen darauf verteilen. Die Portweinmischung über die Zwetschgen träufeln. Die Walnusskerne darüberstreuen und die Butter in Flöckchen darauf verteilen.

Die Alufolie über den Zwetschgen zusammenfassen, die Enden gegeneinander verdrehen, sodass die Päckchen verschlossen sind. Die Zwetschgen auf dem Grill etwa 15 Minuten garen.

Die Päckchen verschlossen servieren und beim Öffnen auf den entweichenden Dampf achten. Dazu passen Biscotti oder Amaretti, aber auch selbst gemachte Baisers schmecken fein dazu.

Beerenpäckchen

Die Himbeeren verlesen. Heidelbeeren, Brombeeren und Johannisbeeren kurz abbrausen und abtropfen lassen. Die schwarzen Johannisbeeren von den Stielen zupfen. Die Beeren in eine Schüssel geben und mit dem Puderzucker mischen.

Die Limette heiß abwaschen und trocken reiben. Die Schale fein abreiben und den Saft auspressen. Die Pinienkerne ohne Fett in einer Pfanne rösten. Den Cassislikör mit 1 EL Limettensaft und 1 TL Limettenschale verrühren und über die Beeren gießen. Alles locker miteinander vermengen.

4 Stücke Alufolie mit etwas Butter bestreichen. Die Beeren samt Saft darauf verteilen und mit den Pinienkernen bestreuen. Die Alufolie an den Ecken locker zusammenfassen und die Enden gegeneinander verdrehen, sodass die Päckchen verschlossen sind.

Die Beerenpäckchen auf dem Grill etwa 10 Minuten erwärmen. Dann herunternehmen und servieren. Vorsichtig öffnen – der entweichende Dampf ist heiß.

Gegrillte Fruchtspieße

für 4 Personen
2 feste Bananen
1 Babyananas
4 Erdbeeren
4 EL Aprikosenkonfitüre
1 EL Cointreau

Die Bananen schälen und jede in 8 Stücke teilen. Die Ananas ebenfalls schälen, vierteln und den Strunk entfernen. Die Ananasviertel in 16 Stücke teilen. Die Erdbeeren waschen und die Stielansätze entfernen. Die Fruchtstücke abwechselnd auf Schaschlikspieße stecken. Die Aprikosenkonfitüre und den Cointreau erwärmen und gut verrühren. Die Spieße damit bestreichen und unter Wenden grillen.

Amaretticreme in Grill-Feigen

für 4 Personen
4 frische Feigen
4 weiche Amaretti
2 EL Amaretto
50 g Marzipanrohmasse
2 EL Butter

Die Feigen waschen und kreuzweise ein-, aber nicht durchschneiden, sodass man die Feigen wie Sterne auseinanderdrücken kann.
Die Amaretti mit dem Amaretto und der Marzipanrohmasse vermengen und in die Feigensterne verteilen.
Eine Aluform mit 1 EL Butter ausstreichen und die Feigen hineinsetzen. Die restliche Butter in Flöckchen darauf verteilen und die Feigen grillen, bis sie ganz durchgewärmt sind.

Gedünstete Pfirsiche

für 4 Personen
2 EL Butter
Mandelblättchen
4 große Pfirsiche mit weißem
Fruchtfleisch
50 g Marzipanrohmasse
2 EL Honig
2 EL Schwarzer-Johannisbeer-Sirup

Eine Aluform mit der Hälfte der Butter ausstreichen und mit den Mandelblättchen bestreuen. Die Pfirsiche waschen, trocken reiben und halbieren, die Steine entfernen.
Die Marzipanrohmasse mit dem Honig und dem Sirup pürieren. Die Pfirsiche in die Aluform legen und mit der Marzipancreme beträufeln. Die restliche Butter in Flöckchen auf den Früchten verteilen.
Die Pfirsiche grillen, bis sie schön weich sind. Man kann sie heiß, aber auch kalt, solo oder mit einer Kugel Eis servieren.

Picknick

„Genuss und Lebensfreude
im Grünen"

Das perfekte Picknick

Kaum wird es wärmer, wollen wir raus in die Natur und möglichst viel Zeit im Freien verbringen. Also schnell ein paar Decken zusammengepackt, ein paar feine Köstlichkeiten in den Korb, vielleicht noch ein Fläschchen Wein – fertig. Fehlt nur noch eine Lichtung, ein Waldrand, ein See, ein Flussufer, an dem wir uns niederlassen können und aus einem gewöhnlichen Tag wird dank Picknick ein Feiertag. Es muss schon was besonderes dran sein, denn viele Veranstalter haben die Faszination des Picknicks inzwischen für sich entdeckt. Ob romantisches Barock-Picknick bei Schloss Richmond oder Musik-Festival in Gräfenhainichen, Polopicknick in Münster oder spektakuläres Massenpicknick auf der A 40: Speisen unter freiem Himmel ist hipp. Dabei ist es keine Erfindung der jüngsten Zeit. Das Essen auf der grünen Wiese hatte offensichtlich immer schon einen besonderen Stellenwert in der Gesellschaft. Viele berühmte Maler haben es in ihren Gemälden zum Thema gemacht, Romane, Geschichten und Filme beschäftigen sich damit: Denken wir nur an die berühmten – und für ihre Zeit geradezu revolutionären – Gemälde von Edouard Manet und Claude Monet „Le déjeuner sur l'herbe". Und wer kennt nicht den Film „Picnic at Hanging Rock" von Peter Weir nach dem gleichnamigen Roman von Joan Lindsay oder das 1953 mit dem Pulitzerpreis ausgezeichnete Bühnenstück „Picnic" von William Inge. Woher allerdings der Name „Picknick" stammt, ist bis heute ungeklärt. Ob es auf das französische *piquer* (aufspießen) und *nique* (Kleinigkeit) oder das englische *pick* (Rechnung, Zeche) oder gar auf die beiden Imperative *picke* und *nicke* zurückzuführen ist, darauf kann uns die Ethymologie bis heute keine plausible Antwort geben.

für 4–6 Personen

für den Teig
150 g Speisequark (20 % Fett)
Salz, 5 EL Öl, 1 Ei, 2 EL Milch
150 g Weizenmehl
150 g Dinkelvollkornmehl
2 TL Backpulver

für die Füllung
150 g gekochter Schinken
1 Zucchini, 1 rote Paprikaschote
2 EL gehackte Petersilie
150 g Doppelrahmfrischkäse
2 EL Sahne, 1 Eigelb, Salz, Pfeffer

Mehl zum Ausrollen
1 Eigelb, 2 EL Milch

für 4 Personen
2 Auberginen
ca. 150 ml Pflanzenöl zum Grillen
½ Kopf Lollo Rosso
5 EL Olivenöl extra vergine
je 12 rote und gelbe Kirschtomaten
Salz, Pfeffer
4–5 Zweige Basilikum
2 Knoblauchzehen
250 g Feta

Schinken-Gemüse-Taschen

Den Quark mit 1 kräftigen Prise Salz, Öl, Ei und Milch verrühren. Mehl und Backpulver mischen und mit der Quarkmasse verkneten. Den Schinken klein würfeln. Die Zucchini waschen, putzen und grob raspeln. Die Paprikaschote waschen, putzen und in kleine Würfel schneiden. Schinken, Gemüse, Petersilie, Frischkäse, Sahne und Eigelb vermengen, mit Salz und Pfeffer würzen. Ein Backblech mit Backpapier auslegen. Den Backofen auf 200 °C vorheizen. Den Teig auf bemehlter Arbeitsfläche 2–3 mm dick ausrollen, daraus etwa 10 cm große Quadrate schneiden. Jedes Quadrat mit Füllung belegen und diagonal zusammenklappen. Die Ränder mit einer Gabel festdrücken. Die Taschen auf das Backblech legen und im heißen Backofen in etwa 30 Minuten goldbraun backen. Das Eigelb mit der Milch verquirlen und die Teigtaschen nach etwa 15 Minuten damit bestreichen.

Auberginensalat mit Tomaten

Die Auberginen putzen und in 1 cm dicke Scheiben schneiden. Den Backofengrill auf mittlerer Stufe vorheizen. Ein Backblech mit Öl bestreichen, die Auberginen darauflegen, ebenfalls mit Öl bestreichen, 5 Minuten grillen. Dann wenden, wieder mit Öl bestreichen und weitere 5 Minuten garen. Die fertigen Scheiben herausnehmen, mit Salz und Pfeffer würzen, vierteln und beiseite legen. Den Salat waschen und abtropfen lassen. 1 EL Olivenöl und 3 EL Wasser in einem Topf erhitzen. Die Kirschtomaten waschen und in dem Wasser-Öl-Gemisch bei mittlerer Hitze etwa 3 Minuten durchschwenken, dann beiseite stellen und mit Salz und Pfeffer würzen. Das Basilikum waschen und trocken schütteln, die Blättchen abzupfen und in feine Streifen schneiden. Die Knoblauchzehen schälen, durch die Presse drücken und mit dem restlichen Öl und dem Basilikum vermengen. In einer großen Schüssel den Salat mit den gegrillten Auberginenscheiben und den Tomaten vermengen. Den Feta zerbröckeln und mit dem Knoblauch-Basilikum-Öl unter den Salat mischen.

Vollkornbrötchen

Mehl und Salz in einer Schüssel mischen und in die Mitte eine Mulde drücken. Die Hefe hineinbröckeln, mit Zucker bestreuen. 100 ml Wasser erwärmen und in die Mulde gießen. Die Hefe (mit einem Kochlöffelstiel) mit dem Wasser und etwas Mehl verrühren, bis sie sich aufgelöst hat. Die Schüssel mit einem Tuch bedecken und den Vorteig an einem warmen Ort 15 Minuten gehen lassen.

Inzwischen die Körner in einer beschichteten Pfanne ohne Fett kurz rösten, bis sie duften. 300 ml Wasser erwärmen, zum Teig gießen. Körner und Öl dazugeben und alles zu einem elastischen Teig verkneten. Den Teig zugedeckt an einem warmen Ort etwa 30 Minuten gehen lassen.

Ein Backblech mit Backpapier auslegen. Den gegangenen Teig auf bemehlter Fläche durchkneten und daraus 10 gleich große Brötchen formen. Diese auf das Backblech legen, genügend Platz dazwischen lassen. Den Backofen auf 200 °C vorheizen.

Die Brötchen mit Wasser bestreichen und mit Sesam, Mohn oder Kürbiskernen bestreuen, weitere 15 Minuten gehen lassen. Dann im Backofen (Mitte) etwa 20 Minuten backen. Dazu schmeckt Bibeliskäs.

für ca. 10 Brötchen
für den Teig
400 g Dinkelvollkornmehl
350 g Weizenvollkornmehl
1 TL Salz
1 Würfel frische Hefe
1 Prise Zucker
400 ml Wasser
100 g gemischte Körner
4 EL Olivenöl
Backpapier für das Backblech
Sesam, Mohn und Kürbiskerne zum Bestreuen

Bibeliskäs

Dieser pikant angemachte Quark ist nicht nur in Baden bekannt und beliebt, man kennt ihn auch in anderen Teilen Deutschlands unter anderen Namen. Am besten schmeckt er mit einem ganz frischen Bauernbrot oder zu Pellkartoffeln.

Den Schnittlauch waschen, trocken schütteln und in feine Röllchen schneiden. Die Schalotte und die Knoblauchzehe schälen und fein hacken.

Quark und Sahne mit den vorbereiteten Zutaten verrühren und die Masse mit Salz und Pfeffer würzen.

für 4 Personen
1 Bund Schnittlauch
1 Schalotte
1 Knoblauchzehe
250 g Quark (40 %)
3–4 EL Sahne
Salz, Pfeffer

Pfannkuchen-Wraps mit Salat und Schinken

für 6 Stück

für den Teig
50 g Dinkelvollkornmehl
80 g Weizenmehl
3 Eier
200 ml Milch
1 Prise Salz
Butterschmalz zum Ausbacken

für die Füllung
Etwa 12 schöne Salatblätter
2 Scheiben Schinken (je ½ cm dick)
2 feste Tomaten
1 Möhre
1 Becher Frischkäse mit Joghurt
3 EL geriebener Parmesan

Pfannkuchen kennt man überall in Deutschland. In Niedersachsen verwendet man für den Teig gerne Buchweizenmehl.

Für den Teig das Mehl in eine Schüssel geben, die Eier hinzufügen und mit den Schneebesen des Handrührgerätes verrühren. Milch und Salz hinzufügen und alles zu einem glatten Teig verrühren. Den Teig mindestens 10 Minuten quellen lassen.

Die Salatblätter waschen und abtropfen lassen. Den Schinken in kleine Würfel schneiden. Die Tomaten waschen, würfeln und dabei die Stielansätze entfernen. Die Möhre schälen und fein raspeln. Den Frischkäse in einer großen Schüssel mit Schinken, Tomaten, Möhre und Parmesan verrühren.

Etwas Butterschmalz in einer Pfanne zerlassen, einen Schöpflöffel Teig hineingeben und bei mittlerer Hitze backen, bis auch die Oberfläche beginnt, fest zu werden. Den Pfannkuchen dann wenden und die Unterseite braun backen. Den Pfannkuchen herausnehmen und auf einen Teller geben, abkühlen lassen. So den gesamten Teig verbacken.

Die Pfannkuchen mit dem Frischkäse bestreichen, mit den Salatblättern belegen und zu Wraps formen. Dafür den Pfannkuchen an einer Seite etwa ¼ über die Füllung klappen und dann von rechts oder links aufrollen. Die Wraps zum Transportieren in Butterbrotpapierbeutel geben.

Variante: 1 Bund Schnittlauch waschen und in feine Röllchen schneiden. 1 rote Paprikaschote waschen, putzen und in kleine Würfelchen schneiden. 250 g Speisequark (40 % Fett) mit dem Schnittlauch und den Paprikawürfelchen verrühren, mit Salz, Pfeffer und nach Belieben etwas zerbröselter getrockneter Chilischote oder Cayennepfeffer verrühren und die Pfannkuchen damit füllen.

Ebenfalls fein schmeckt eine Füllung aus 200 g gedünstetem Blattspinat (den Spinat ausdrücken), einer zerdrückten Knoblauchzehe und 5 EL geriebenem Parmesan.

Schafskäsequiche

für eine Form (ø 28 cm)

für den Teig
125 g Dinkelvollkornmehl
125 g Weizenmehl
Salz, 1 Ei, 125 g Butter
Mehl zum Ausrollen

für den Belag
400 g Cherrystrauchtomaten
250 g Schafskäse
200 g saure Sahne, 4 Eier
1 Bund Basilikum
2 Knoblauchzehen
Pfeffer, Cayennepfeffer

Schafskäse aus deutscher Produktion bekommt man im Fachhandel. Besonders aromatisch ist Käse von Heidschnucken aus der Lüneburger Heide.
Das Mehl mit einer Prise Salz auf einem Brett anhäufen, eine Vertiefung hineindrücken. Das Ei aufschlagen und in die Mitte geben. Butterflöckchen auf dem Mehlrand verteilen und alles von außen zu einem glatten Teig verkneten. Den Teig auf Mehl ausrollen, in die Springform legen und dabei einen 3 cm hohen Rand formen. Den Teig in der Form etwa 30 Minuten kalt stellen. Die Tomaten waschen, halbieren und die Stielansätze entfernen. Den Backofen auf 180 °C vorheizen. Den Schafskäse mit einer Gabel zerdrücken und mit der sauren Sahne und den Eiern verquirlen. Basilikum waschen und trocken schütteln. Die Blättchen in feine Streifen schneiden und in die Käsemasse rühren. Knoblauch schälen und durch die Presse dazudrücken. Die Masse mit Pfeffer, Cayennepfeffer und Salz würzen. Den Teigboden aus dem Kühlschrank nehmen, die Tomatenhälften darauf verteilen und mit der Käsemasse begießen. Die Quiche etwa 45 Minuten backen.

Bunter Reissalat

für 4-6 Personen
1 Tasse Langkornreis
Salz
2 Zwiebeln, 2 EL Olivenöl
3 TL Curry, 200 g Schinken
4 große Gewürzgurken
1 rote Paprikaschote
2 Äpfel, 2 Bananen
1 Bund Schnittlauch
200 g Crème fraîche
125 ml Milch, Essig, Pfeffer

Reis in doppelte Menge kaltes Wasser geben, salzen und aufkochen lassen. Sobald es sprudelt, Hitze herunterschalten und 15 Minuten ziehen lassen. Die Zwiebeln schälen und in feine Würfel schneiden. Das Öl in einer Pfanne erhitzen, die Zwiebeln darin glasig dünsten, Curry hinzufügen und mitdünsten, beiseite stellen. Schinken und Gewürzgurken in sehr feine Würfel schneiden. Die Paprikaschote waschen, putzen und ebenfalls sehr fein zerkleinern. Die Äpfel schälen, vierteln und das Kerngehäuse entfernen. Die Apfelviertel fein würfeln. Die Bananen schälen, und in feine Viertelscheiben schneiden. Schnittlauch waschen, trocken schütteln und in feine Röllchen schneiden. Die vorbereiteten Zutaten unter den gegarten Reis mischen, Crème fraîche und Milch unterrühren, mit Essig, Salz und Pfeffer abschmecken und alles etwa 1 Stunde im Kühlschrank durchziehen lassen.

Spargelstrudel

Spargel wird in vielen Regionen Deutschlands angeboten, von Niedersachsen und Schleswig-Holstein im Norden bis Bayern und Baden-Württemberg im Süden. Er gedeiht überall dort, wo das Klima gemäßigt ist und der Boden sandig und locker. Grüner Spargel enthält im Vergleich zum weißen mehr Chlorophyll und Vitamin C.

Die Kartoffeln waschen, dann mit Wasser in einen Topf geben und in der Schale in etwa 30 Minuten weich kochen. Die fertigen Kartoffeln abgießen, kalt abschrecken, schälen und zerdrücken.

Den Spargel waschen, schälen und die Enden abschneiden. Die Spargelstangen in etwa 2 cm große Stücke schneiden und in wenig Gemüsebrühe in knapp 8 Minuten bissfest garen, abgießen und beiseite stellen.

Die Frühlingszwiebeln waschen, putzen und in feine Ringe schneiden. Öl in einer Pfanne erhitzen und die Frühlingszwiebeln darin weich dünsten, abkühlen lassen.

Die saure Sahne in eine Schüssel geben, mit dem Ei verquirlen. Die zerdrückten Kartoffeln, den Emmentaler und die Frühlingszwiebeln unterrühren, die Masse mit Salz, Pfeffer und Muskatnuss würzen. Die Knoblauchzehe schälen und dazudrücken.

Den Backofen auf 200 °C vorheizen. Den Strudelteig auf eine Arbeitsfläche geben, mit der Kartoffelmasse bestreichen, dabei rundum einen Rand von etwa 5 cm frei lassen. Die Spargelstücke auf der Kartoffelmasse verteilen. Die Seitenränder über die Füllung schlagen und den Strudel von einer Längsseite her aufrollen.

Mit der Nahtseite nach unten auf ein Backblech legen und mit flüssiger Butter bestreichen. Den Strudel im Backofen (Mitte) 30–40 Minuten backen.

Auf gleiche Art lässt sich Strudelteig auch mit einer Pilzmischung, oder mit Ratatouille füllen.

Fischfilets mit Nusspanade und Salsa verde

für die Filets
12 Eglifilets
½ unbehandelte Zitrone
1 Ei
1 EL Sahne
100 g Cashewnüsse
50 g Mehl
Salz, Pfeffer
4 EL Olivenöl

für die Salsa verde
2 Knoblauchzehen
1 Stängel Zitronengras
1 kleine Chilischote
½ Bund frische Minze
4 Frühlingszwiebeln
2 EL Zitronensaft
1 EL Puderzucker
2 EL Sesamöl
2 EL Reiswein

Eglifilets werden in der Bodenseeregion hoch geschätzt. Der Egli ist eine kleine Barschart, die über ein feines, aromatisches Fleisch verfügt.

Die Fischfilets kalt abspülen und trocken tupfen. Die Zitrone abwaschen, trocknen, die Schale fein abreiben und den Saft auspressen. Die Fischfilets mit Zitronensaft beträufeln und zugedeckt ziehen lassen.

Für die Salsa verde den Knoblauch schälen und in eine Schüssel pressen. Das untere Ende vom Zitronengras fein hacken. Die Chilischote waschen, putzen, entkernen und ebenfalls fein hacken. Die Minzblätter in sehr feine Streifen schneiden. Die Frühlingszwiebeln waschen, putzen und klein schneiden oder hacken. Diese Zutaten mit Zitronensaft, Puderzucker, Öl und Reiswein mischen und beiseite stellen.

Zum Panieren das Ei mit der Milch auf einem Teller verquirlen. Die Cashewnüsse sehr fein hacken. Mit dem Mehl und 1 TL Zitronenschale auf einem zweiten Teller mischen.

Die Fischfilets mit Salz und Pfeffer würzen, zuerst in der Eier- und dann in der Nussmischung wenden, die Panade leicht andrücken.

Das Öl in einer beschichteten Pfanne erhitzen. Die Fischfilets darin bei mittlerer bis schwacher Hitze pro Seite 1–2 Minuten braten, bis die Kruste goldbraun ist. Die Fischfilets schmecken warm und kalt. Reichen Sie dazu die Salsa verde.

Tipp: Man kann auf diese Weise natürlich auch Forellenfilets zubereiten, die in Deutschland überall angeboten werden. Wer Meeresfisch bevorzugt, nimmt Seezunge.

"""

Milchlammbraten

Je nach Alter des geschlachteten Tieres sind Milchlammschultern unterschiedlich groß. Es kann deshalb sein, dass Sie für 4 Personen zwei kleine Schultern brauchen. Das reine Fleischgewicht sollte 800–1000 g betragen. Die Zwiebel schälen und vierteln, Möhren und Sellerie schälen und würfeln. Rosmarin waschen und trocken schütteln.

Den Backofen auf 160 °C vorheizen. Olivenöl in einem Gusseisenbräter erhitzen. Die Lammschulter mit Salz und Pfeffer würzen und in dem Öl rundum goldgelb anbraten. Das Fleisch herausnehmen, Zwiebel, Möhren und Sellerie in den Bräter geben und hellbraun rösten. Die Knoblauchzehen schälen und mit dem Rosmarin zum Gemüse geben. 100 ml Brühe angießen und bei starker Hitze fast völlig reduzieren. Die restliche Brühe angießen und das Fleisch in den Bräter geben. Im Backofen etwa 50 Minuten offen garen, dabei immer wieder mit der Brühe beschöpfen. Nach der Hälfte der Garzeit das Lorbeerblatt hinzufügen. Das fertige Fleisch vom Knochen lösen. Braten, Sauce und Gemüse in Thermobehältern mitnehmen, damit sie schön warm bleiben.

Tipp: Falls Sie solche Behälter nicht haben, können Sie den Braten natürlich auch kalt servieren und einen Salat dazu reichen.

für 4 Personen
1 Zwiebel
2 Möhren
1 kleine Sellerieknolle
1 Rosmarinzweig
2–3 EL Olivenöl
1,5 g Milchlammfleisch (mit Knochen; von der Schulter)
4 Knoblauchzehen
800 ml Fleischbrühe
1 Lorbeerblatt
Salz, Pfeffer

Rindersteaks in Vollkornkruste

Die Steaks mit dem Handballen leicht flach drücken, dann auf beiden Seiten dünn mit Senf bestreichen und mit Salz und Pfeffer würzen.

Den Thymian im Mörser fein zerstoßen, mit den Semmelbröseln und den Walnüssen auf einem Teller mischen. Das Mehl auf einen zweiten Teller geben, die Eier auf einem dritten Teller mit der Milch verquirlen.

Die Steaks zuerst in dem Mehl, dann in den Eiern und zum Schluss in der Semmelbröselmischung wenden. Die Panade leicht andrücken.

In einer Pfanne das Butterschmalz erhitzen. Die Steaks darin bei mittlerer Hitze pro Seite etwa 4 Minuten braten.

für 4 Personen
4 Rinderhüftsteaks
2 TL scharfer Senf
1 TL getrockneter Thymian
80 g Vollkorn-Semmelbrösel
2 EL fein gehackte Walnüsse
4 EL Mehl
2 kleine Eier
1 EL Milch
2 EL Butterschmalz
Salz, Pfeffer

Wiener Backhendl

Unter den Experten gibt es einen erbitterten Streit, ob man das Backhendl mit oder ohne Haut zubereiten sollte. So uneins man sich in dieser Frage ist, keiner wird bestreiten, dass das Backhendl eine österreichische Erfindung ist – und geradezu ideal für den Picknickkorb.

Von den Hähnchenkeulen die Haut entfernen. Die Keulen an der dicken Seite zum Knochen hin einschneiden, mit Salz und Pfeffer einreiben.

Mehl, Ei und Semmelbrösel in getrennte Schalen geben. Die Eier verquirlen. Die Hähnchenteile zuerst in Mehl, dann in Ei und zuletzt in den Semmelbröseln wenden. Öl in einer Friteuse oder einer Pfanne mit hohem Rand erhitzen und die Hähnchenteile darin bei niederer Hitze goldbraun braten. Dann herausnehmen und auf Küchenpapier abtropfen lassen. Die Hähnchenkeulen mit Zitronenspalten und Petersilie servieren.

Schweinenacken mit Kräuterkruste

Den Backofen auf 160 °C vorheizen. Die Kräuter mit Senf und Olivenöl mischen. Den Schweinenacken mit Salz und Pfeffer würzen.

Butterschmalz in einer Pfanne erhitzen, den Braten darin von allen Seiten kräftig anbraten. Den Braten herausnehmen, in eine Auflaufform setzen und die Oberseite dick mit den Kräutern bestreichen. Im vorgeheizten Backofen (unten) etwa 2 Stunden braten.

Der Braten schmeckt warm oder kalt. Servieren Sie dazu Ratatouille, eine Caponata oder Kartoffelsalat.

Krautwickel

für 4 Personen
1 Brötchen vom Vortag
1 Kopf Rot-, Weißkohl oder Wirsing
(ca. 800 g)
½ Bund glatte Petersilie
2 Schalotten
3 EL Öl
500 g Rinderhackfleisch
1 Ei
evtl. Semmelbrösel
Zimt
½ l Fleischbrühe
Salz, Pfeffer

Das schmeckt allen und das Beste daran ist: Die Füllung bleibt saftig dank der natürlichen Hülle. Welche Füllung in die Kohlblätter kommt und ob man eher Wirsing-, Rot- oder Weißkohlblätter nimmt, hängt natürlich vom Geschmack, aber auch davon ab, wo die Krautwickel oder Kohlrouladen – wie sie in Norddeutschland heißen – zubereitet werden.

Das Brötchen in feine Scheiben schneiden. 150 ml Wasser zum Kochen bringen, das Brötchen damit übergießen und quellen lassen.

Vom Kohl die äußeren Blätter entfernen. Reichlich Wasser zum Kochen bringen, dann Salz hinzufügen. Den Kohlkopf im Salzwasser 5 Minuten blanchieren, kalt abschrecken und 8 Blätter ablösen.

Die Petersilie waschen, trocken schütteln und fein hacken. Die Schalotten schälen und klein würfeln. 1 EL Öl erhitzen, die Schalotten und die Petersilie darin andünsten.

Die Petersilien-Schalotten-Mischung mit dem Brötchen, dem Hackfleisch und dem Ei vermengen. Sollte die Masse zu weich sein, Semmelbrösel untermischen. Mit Salz, Pfeffer und Zimt würzen. Die Kohlblätter auf einem Brett ausbreiten, die Mittelrippe flach schneiden. Jeweils etwas Hackfleischfüllung in die Mitte geben. Die Längsseiten der Blätter einschlagen. Von der dicken Seite her aufrollen und die Rouladen mit Küchengarn umwickeln. Das restliche Öl erhitzen, die Rouladen darin rundum kräftig anbraten. Die Fleischbrühe angießen und bei mittlerer Hitze zugedeckt etwa 30 Minuten garen, dann herausnehmen und abkühlen stellen.

Tipp: Sehr gut schmecken die Rouladen auch mit einer Fischfüllung. Dafür das Hackfleisch durch gehacktes Fischfilet ersetzen (Gräten entfernen) und statt Zimt Curry oder Paprika zum Würzen nehmen.

Wer eine vegetarische Füllung bevorzugt, mischt 300 g gekochten Reis mit 2 EL eingeweichten Rosinen, 2 EL klein gehackten, getrockneten Datteln, 2 EL gehackten Walnüssen oder Mandeln, 100 g Frischkäse, 1 Ei, 1 TL Koriander, ½ TL Kreuzkümmel und einer Prise Chilipulver. Die Masse mit Salz und Pfeffer würzen und in Weißkohl- oder Wirsingblätter füllen.

Kirschenplotzer mit Vanillesauce

für 4–6 Personen

für den Kirschenplotzer
4 Brötchen vom Vortag
¼ l trockener Weißwein (oder Apfelsaft)
1 kg Knorpelkirschen
1 unbehandelte Zitrone
4 Eier
¼ l Milch
150 g weiche Butter
75 g Zucker
100 g Mandelblättchen oder -stifte
1 TL Zimtpulver
1 EL Kirschwasser nach Belieben
Butter für die Form

für die Vanillesauce
2 Eier
50 g Zucker
½ l Milch
1 Vanilleschote
Salz

Dieser schmackhafte Auflauf ist eigentlich ein Arme-Leute-Essen. Man kennt es unter diesem Namen in Baden oder als „Kirschenmichel" in Württemberg.

Die Brötchen in kleine Würfel schneiden und in eine Schüssel geben. Den Wein erhitzen und über die Brotscheiben gießen.

Die Kirschen waschen und entsteinen. Die Zitrone heiß abwaschen und abtrocknen. Die Schale fein abreiben, den Saft auspressen. Eine Auflaufform dick mit Butter ausstreichen. Den Backofen auf 180 °C vorheizen.

Die Eier trennen. Die Eiweiße mit einer Prise Salz steif schlagen. Die Butter und den Zucker mit den Schneebesen des Handrührgerätes schaumig rühren. Die Eigelbe nach und nach dazugeben und alles rühren, bis eine helle, schaumige Masse entstanden ist. Das Zimtpulver und das Kirschwasser unterrühren. Die Mandelstifte, die Kirschen und die Brötchen dazugeben, alles vorsichtig mischen. Zum Schluss den Eischnee unterheben. Die Masse in die Auflaufform füllen. Den Kirschenplotzer im Backofen (Mitte) etwa 1 Stunde backen. Eventuell nach 30 Minuten mit einem Deckel oder Alufolie abdecken, damit die Kirschen nicht verbrennen. Den Auflauf herausnehmen, in Stücke schneiden und wenn möglich warm servieren. Natürlich schmeckt der Kirschenplotzer auch kalt.

Für die Vanillesauce die Eier trennen. Die Eigelbe mit dem Zucker in eine Schüssel geben und mit den Schneebesen des Handrührgerätes verrühren, bis sich der Zucker aufgelöst hat. Die Milch in einen Topf geben. Die Vanilleschote längs aufschlitzen und das Mark herausschaben. Vanilleschote und -mark in die Milch geben und alles aufkochen lassen. Die Milch von der Kochstelle nehmen und die Hitze reduzieren. Die Vanilleschote entfernen. Die Eigelbmasse in die heiße Milch rühren, diese zurück auf die Kochstelle stellen und alles unter Rühren bei mittlerer Hitze erwärmen, aber nicht mehr aufkochen lassen. Die Sauce von der Kochstelle nehmen, wenn sie eine dickflüssige Konsistenz hat. Die Eiweiße mit einer Prise Salz steif schlagen. Den Eischnee unter die heiße Eigelbmasse ziehen. Die Sauce kalt stellen und getrennt zu dem Kirschenplotzer reichen.

Birchermüsli

Dieses gehaltvolle Frühstücksgericht stammt aus unserem Nachbarland Schweiz und hat längst nicht nur gesundheitsbewusste Anhänger gefunden. Es gibt viele Abwandlungen des ursprünglichen Rezepts, versuchen Sie einmal diese Version.

Die Haferflocken in ¼ l Wasser über Nacht einweichen. Die Rosinen im Orangensaft einweichen. Beides in den Kühlschrank stellen.

Am nächsten Tag die Zitronen halbieren und den Saft auspressen. Die Äpfel schälen und grob raspeln. Sahne, Honig, Zitronensaft, Äpfel und gehackte Mandeln unter die Haferflocken rühren.

Tipp: Man kann natürlich auch andere Früchte für das Birchermüsli verwenden. Wer Rosinen nicht mag, nimmt stattdessen getrocknete Aprikosen.

für 4 Personen
6 EL Vollkornhaferflocken
2 EL Rosinen
100 ml Orangensaft
3 Zitronen
4 große Äpfel
150 g Sahne
2 EL Honig
100 g gehackte Mandeln oder Walnüsse

Rote Grütze

Diese beliebte Nachspeise aus dem Norden Deutschlands schmeckt am besten mit flüssiger Sahne. Je nach Geschmack und Säure der Beeren müssen Sie noch Zucker dazugeben.

Die Beeren verlesen und eventuell vorsichtig waschen. Falls nötig, putzen. Die Beeren mit dem Zucker in einem Topf mischen und etwa 15 Minuten Saft ziehen lassen. Wein und Saft mischen, einige Esslöffel davon abnehmen und die Speisestärke damit anrühren.

Die restliche Wein-Saft-Mischung zu den Beeren geben und alles zum Kochen bringen. Die angerührte Speisestärke untermischen und alles unter Rühren bei mittlerer Hitze etwa 3 Minuten köcheln lassen.

Die Grütze in Gläser mit Schraubverschluss oder andere gut schließende Gefäße füllen und abkühlen lassen. Zum Festwerden mindestens 2 Stunden (oder über Nacht) in den Kühlschrank stellen.

für 4 Personen
600 g gemischte frische Beeren (Himbeeren, Erdbeeren, Heidelbeeren, schwarze Johannisbeeren, Brombeeren)
100 g Rohrohrzucker
⅛ l trockener Rotwein
⅛ l roter Traubensaft
3 EL Speisestärke

Bienenstich

für 12 Stücke

für den Teig
500 g Mehl
1 Würfel Hefe
60 g Zucker
¼ l lauwarme Milch
2 Eier
75 g Butter
Salz

für den Pudding
½ l kalte Milch
1 Pck. Bourbon-Vanillezucker
2 EL Zucker
1 Pck. Vanille-Puddingpulver
200 g Sahne

für den Belag
150 g Butter
160 g Zucker
200 g Mandelblättchen
200 g Sahne

Das Mehl in eine Schüssel geben und eine Mulde hineindrücken. Die Hefe hineinbröckeln, mit 1 TL Zucker, 5 EL lauwarmer Milch und etwas Mehl verrühren und zugedeckt an einem warmen Ort etwa 20 Minuten gehen lassen.

Den restlichen Zucker, die übrige Milch, Eier, eine Prise Salz und die Butter dazugeben und alles zu einem elastischen Teig verkneten. Den Teig zugedeckt an einem warmen Platz etwa 45 Minuten gehen lassen.

6 EL kalte Milch, Vanillezucker, Zucker und Puddingpulver verrühren. Die restliche Milch aufkochen lassen. Das Puddingpulver unterrühren und aufkochen lassen. Den Vanillepudding unter Rühren abkühlen lassen.

Den Backofen auf 200 °C vorheizen. Ein Backblech mit Backpapier auskleiden. Den Teig in Backblechgröße ausrollen, auf das Backpapier legen und nochmals 10 Minuten gehen lassen.

Für den Belag die Butter mit dem Zucker schmelzen lassen, die Mandelblättchen hinzufügen und hellgelb karamellisieren lassen. Die Sahne unterrühren und die Masse aufkochen lassen. Die warme Mandelmasse auf der Teigplatte verteilen.

Den Bienenstich im Backofen in 30–40 Minuten goldbraun backen, dann herausnehmen und auskühlen lassen.

Die Sahne für die Puddingcreme steif schlagen und unter den Pudding heben. Die Teigplatte quer aufschneiden. Die Puddingcreme auf die untere Hälfte streichen, die Platte mit den gerösteten Mandeln darauf legen. Den Kuchen in Stücke schneiden.

Tipp: Wenn es sehr heiß ist, den Kuchen ohne Füllung zubereiten und mitnehmen, frisch gebacken schmeckt er auch ohne Füllung wunderbar.

Schweizer Rüblitorte

Den Backofen auf 180 °C vorheizen. Die Zitrone heiß abwaschen und trocknen, die Schale fein abreiben und den Saft auspressen. Die Möhren schälen und fein reiben. Mit 1 TL Zitronenschale und 3–4 EL Zitronensaft mischen. Die Eier trennen. Die Eiweiße mit einer Prise Salz steif schlagen. Zucker und Vanillezucker mit den Eigelben cremig aufschlagen, die Gewürze unterrühren. Mandeln, Mehl, Speisestärke und Backpulver mischen und unter die Eigelbmasse heben. Den Eischnee dazugeben und ebenfalls unterheben. Eine Form einfetten und mit Mandeln ausstreuen. Den Teig in der Form glattstreichen und im Backofen (unten) etwa 50 Minuten backen. Herausnehmen und kurz ruhen lassen. Dann auf einem Kuchengitter abkühlen lassen. Puderzucker, Zitronensaft und Kirschwasser verrühren, die Torte damit überziehen und 1 Tag ziehen lassen.

Tipp: Den Teig nicht zu lange rühren, sonst entweicht die Luft wieder aus dem Eischnee.

Orangen-Gugelhupf

für eine Gugelhupfform (ø 24 cm)
2 unbehandelte Orangen
250 g weiche Butter
160 g Rohrohrzucker
1 Päckchen Vanillezucker
4 Eier
150 g Weizenmehl, 150 g Dinkelmehl
100 g Speisestärke
100 g gemahlene Mandeln
1 Päckchen Backpulver
knapp ⅛ l Orangenbuttermilch
Fett und Mehl für die Form
Orangenmarmelade
Puderzucker zum Bestäuben

Die Orangen heiß abwaschen und abtrocknen. Die Schale der Früchte dünn abreiben, den Saft auspressen. Die Form fetten und mit Mehl ausstäuben. Den Backofen auf 180 °C vorheizen. Die Butter und den Zucker schaumig rühren. Die Orangenschale und den Vanillezucker untermischen. Nacheinander die Eier dazugeben und kurz unterrühren. Mehl, Speisestärke und Backpulver mischen und nach und nach unter den Teig rühren. Orangensaft und Buttermilch untermischen. Den Teig in die Form füllen. Den Kuchen im Backofen (unten) etwa 1 Stunde backen. Die Garprobe machen, den Kuchen herausnehmen und in der Form etwa 15 Minuten ruhen lassen. Zum Erkalten auf ein Kuchengitter stürzen. Die Orangenmarmelade erwärmen und durch ein Sieb streichen. Den Kuchen mit der heißen Marmelade bestreichen und diese trocknen lassen. Unmittelbar vor dem Servieren dünn mit Puderzucker bestäuben.

Zwetschgenwaihe

für 1 Form (ø 28 cm)

für den Teig
300 g Mehl
125 g Butter
Salz

für den Belag
1 kg Zwetschgen
2 EL Semmelbrösel
75 g Zucker
60 g gehackte Mandeln
50 g geriebenes Schwarzbrot
2 TL Zimt
50 g Butter

Unter Waihen versteht man in Baden und der Schweiz flache Kuchen, die mit Obst belegt werden.
Für den Teig das Mehl in eine Schüssel sieben, mit 1 Prise Salz mischen. Die Butter in Stückchen auf dem Rand verteilen. Etwa 100 ml kaltes Wasser dazugeben und alles schnell zu einem weichen, geschmeidigen Teig verkneten. Den Teig zur Kugel formen und zugedeckt etwa 30 Minuten kalt stellen. In der Zwischenzeit die Zwetschgen waschen, aufschneiden und entsteinen. Eine Springform einfetten. Den Teig auf bemehlter Arbeitsfläche dünn ausrollen. Die Springform damit auslegen, einen Rand formen. Den Backofen auf 200 °C vorheizen. Den Teigboden mit den Semmelbröseln bestreuen. Die Zwetschgen darauf kreisförmig anordnen. Den Zucker mit den Mandeln, den Brotbröseln und dem Zimt vermischen und die Zwetschgen damit bestreuen. Die Butter in Flöckchen auf dem Belag verteilen. Den Kuchen im Backofen (Mitte) etwa 30 Minuten backen.

Biergarten
& Weinfeste
„Regionale Feste rund um
Gersten- und Rebensaft"

Biergarten & Weinfeste

„Beergarden" lockt ein Schild sogar in Australien, aber nicht immer erwartet uns bei dieser Ankündigung ein „echter" Biergarten. Auch in Deutschland ist nicht alles ein Biergarten, was sich so nennt. Doch was unterscheidet eine Gartenwirtschaft vom Biergarten? Es sind in erster Linie die Kastanien, die früher über den Kellern der Brauereien gepflanzt wurden, um das dort gelagerte Bier vor Wärme zu schützen – eine Idee, die wir an heißen Sommertagen noch immer schätzen. Oder die rustikalen Holztische, die steinernen Maßkrüge, in denen das Bier lang kühl bleibt und nicht zuletzt der Brauch, dass man auch seine selbstgemachte Brotzeit mitbringen darf. Dies geht übrigens auf einen Erlass von Ludwig I. zurück, der den Verkauf von Speisen in den Brauereigärten verbot, um die Restaurantbetreiber zu schützen. Allein 92 solcher Biergärten soll es in der Umgebung von München geben. Überhaupt scheinen die Bayern eine besondere Vorliebe für die Biergartentradition zu haben. Während Biergärten den ganzen Sommer über Saison haben, finden Weinfeste, oder besser gesagt Winzerfeste, traditionell häufig kurz vor der Lese der neuen Reben statt. Die „alten" Weine werden ausgeschenkt, die Winzer eines Anbaugebiets stellen sich mit ihren Produkten vor. Dazu gibt es regionale Spezialitäten, die besonders gut zu einem Gläschen Weiß- oder Rotwein passen. Diese typischen Spezialitäten kann man natürlich auch zu Hause zubereiten. Bitten Sie Ihre Freunde doch einmal zu einer Wein- oder Bierprobe zu sich nach Hause und kredenzen Sie dazu die passenden Schmankerl.

Radi mit Schnittlauchbrot

für 1 Portion
1 weißer Bio-Rettich
1 Scheibe Bauernbrot
20 g Butter
½ Bund Schnittlauch
Salz

Rettich gibt es in ganz Deutschland. Der Bierradi aber ist Kult in Bayern und Schwaben und es ist eine eigene Kunst, ihn richtig zu schneiden. Zwischenzeitlich gibt es dafür extra Schneidwerkzeug, wer aber etwas auf sich hält, macht es von Hand. Dieses Gericht ist ein Beispiel dafür, dass auch die einfache Küche ein echter Genuss sein kann: Es schmeckt köstlich!

Den Rettich waschen und putzen, mit einem scharfen Messer die kleinen Wurzelhärchen abschaben. Den Rettich dann auf ein Brett legen. Mit einem scharfen Messer schräg in dünnen Scheiben einschneiden, aber nicht durchschneiden. Den Rettich um 180 Grad drehen und nun von der anderen Seite ebenfalls einschneiden. Jetzt lässt sich der Rettich wie eine Ziehharmonika auseinanderziehen, ohne auseinanderzufallen. Den Rettich mit Salz einreiben und am besten stehend ziehen lassen. Das Bauernbrot mit der Butter bestreichen und leicht mit Salz bestreuen. Den Schnittlauch waschen und trocken schütteln, in feine Röllchen schneiden und auf dem Brot verteilen. Das Brot halbieren und mit dem Radi servieren.

Pommerscher Kaviar

für 4 Personen
1 Zwiebel
200 g Gänseschmalz
3 Zweige frischer Thymian
4 große Scheiben Bauernbrot
Salz, Pfeffer

Diese Spezialität aus Mecklenburg-Vorpommern mag früher der Kaviar der armen Leute gewesen sein – aber mit richtig frischem Gänseschmalz, das man vom letzten Gänsebraten übrig hat, schmeckt dieser Aufstrich wirklich fantastisch und ist ein ebenbürtiger Ersatz für Kaviar und eine gute Grundlage für das eine oder andere Gläschen Bier oder Wein.

Die Zwiebel schälen und fein hacken. 2 EL von dem Gänseschmalz in einer Pfanne zerlassen und die Zwiebel darin bissfest dünsten, beiseite stellen. Den Thymian waschen und trocken schütteln, die Blättchen abzupfen. Die Zwiebel und die Hälfte des Thymians unter das weiche Gänseschmalz rühren und mit Salz und Pfeffer würzen. Die Brote mit dem Schmalz bestreichen und mit dem restlichen Thymian bestreuen.

Handkäs mit Musik

Handkäse ist ein Sauermilchkäse mit einem Fettgehalt unter 1 %. Früher wurde der Käse noch von Hand geformt, daher hat er seinen Namen. Man genießt ihn in Hessen zum Äppelwoi, aber auch in Rheinhessen und der Pfalz isst man ihn gerne. Er passt zu einem Glas spritzigem Weißwein ebenso gut wie zu frisch gezapftem Bier.

In Süddeutschland kennt man den sauren Käse ebenfalls, hier nimmt man reifen Romadur statt des vergleichsweise milden Handkäses. Im Originalrezept bereitet man sowohl den Handkäse als auch den sauren Backsteinkäse (Romadur) mit kleingeschnittenen Zwiebeln zu. Mit Frühlingszwiebeln schmeckt das Gericht ein bisschen frischer und milder und macht optisch mehr her.

Den Essig mit Zucker, Apfelwein, Sonnenblumenöl und Kümmel verrühren, bis der Zucker sich aufgelöst hat und den Handkäse darin etwa 1 Stunde einlegen. Inzwischen die Frühlingszwiebeln waschen, putzen und in feine Röllchen schneiden. Die Frühlingszwiebelröllchen vor dem Servieren über den Handkäse streuen, mit Salz und Pfeffer würzen und kräftiges Landbrot mit Butter dazu reichen.

für 4 Personen

6–8 EL milder Weinessig

1 TL Zucker

4 EL Apfelwein

5 EL Sonnenblumenöl

1 EL Kümmel

1 Bund Frühlingszwiebeln

4 Handkäse

Salz, Pfeffer

Obatzda

für 4 Personen
1 weicher Camembert (300 g)
50 g weiche Butter
2 EL saure Sahne
2 Zwiebeln
½ Bund Schnittlauch
1 TL Kümmel
2 TL Paprikapulver, edelsüß
Salz, Pfeffer

Tipp Zwiebeln gären leicht – sollte der Aufstrich länger stehen, die Zwiebeln vor der Zubereitung kurz mit kochendem Wasser übergießen oder kräftig mit Salz einreiben, ziehen lassen, dann abspülen.

Dieser Aufstrich steht in jedem bayrischen Biergarten auf der Speisekarte – aber das heißt nicht, dass er überall gleich gut schmeckt. Leider bekommt man oft alten Käse vorgesetzt, der auf diese Weise noch Verwendung finden soll. Neuerdings greifen viele Wirte auf die Fertigmischungen zurück, die sich durch Einheitsgeschmack auszeichnen. Es lohnt sich aber, einen Obatzden selbst herzustellen. Reichen Sie in jedem Fall Breze(l)n dazu – in Bayern sollte es am besten eine Riesenbreze sein.

Den Camembert von der Rinde befreien und mit einer Gabel zerdrücken, die weiche Butter und die saure Sahne unterrühren.

Die Zwiebeln schälen. Eine Zwiebel sehr fein hacken, die andere in Scheiben schneiden. Den Schnittlauch waschen, trocken schütteln und in feine Röllchen schneiden. Den Kümmel in einem Mörser zerstoßen.

Den Camembert mit der gehackten Zwiebel, dem Kümmel und dem Paprikapulver verrühren und nach Belieben mit Salz und Pfeffer würzen. Mit den Schnittlauchröllchen und den Zwiebelringen garnieren.

Wurstsalat

für 4 Personen
600 g Lyoner
8 Gewürzgurken
3 Zwiebeln
3 EL Weißweinessig
½ TL Zucker
½ TL Salz
4 EL Sonnenblumenöl
1 Bund Schnittlauch

Wurstsalat wird vor allem im Süden Deutschlands gerne gegessen – hier ist es ein typisches Biergarten-Gericht. Sauer angemachte Wurst kennt man in beinahe allen deutschen Regionen, auch in unseren beiden Nachbarländern Österreich und der Schweiz. In manchen Regionen mischt man die Wurstsorten – in Schwaben beispielsweise besteht der Wurstsalat aus Schwarzwurst und Fleischwurst. Zum Schweizer Wurstsalat wird er mit Emmentaler. Ob man lieber Scheiben mag oder Stifte, ist Geschmackssache.
Die Lyoner von der Haut befreien und in feine Scheiben schneiden. Die Gewürzgurken ebenfalls in Scheiben schneiden. Die Zwiebeln schälen und in möglichst dünne Halbringe schneiden. Den Essig mit dem Zucker und dem Salz verrühren, bis sich beides gelöst hat, dann das Öl unterschlagen und nach Belieben 2 EL Wasser unterrühren.
Die Wurstscheiben auf einer Platte anrichten und mit der Vinaigrette übergießen. Die Zwiebeln darauf anrichten. Den Schnittlauch waschen, trocken schütteln und in feine Röllchen schneiden. Den Wurstsalat damit bestreuen. Dazu passt frisches Landbrot oder Laugen-Kleingebäck.

Matjes mit Kartoffeln

für 4 Personen
1 kg fest kochende Kartoffeln
8 Matjesfilets
2 EL Zitronensaft
2 Zwiebeln, 1 Apfel
3 Gewürzgurken
200 g Sahne
1 Bund Petersilie
Salz, Pfeffer

Die Kartoffeln schälen und vierteln, dann in wenig Salzwasser zugedeckt in etwa 15 Minuten weich garen. Die Matjesfilets kalt abbrausen und mit dem Zitronensaft beträufeln. Die Zwiebeln schälen, in feine Halbringe schneiden, mit Salz einreiben und ziehen lassen. Den Apfel schälen, vierteln, vom Kerngehäuse befreien und in Spalten schneiden. Die Gurken in Scheiben schneiden. Die Sahne mit 2 EL von dem Gurkenwasser verrühren. Apfel und Gurke unterrühren. Die Zwiebeln abbrausen und ebenfalls unterrühren. Die Matjes in mundgerechte Stücke schneiden und in die Sahnesauce geben. Die Petersilie waschen, trocken schütteln und fein hacken. Die Matjes mit den Kartoffeln anrichten und mit der Petersilie bestreuen.

Sülze mit Bratkartoffeln

für 4 Personen
1 Zwiebel
1 Knoblauchzehe
1 große Möhre
200 g Sellerieknolle
1 Stange Lauch
1 Bund frische Petersilie
6 Kalbsfüße (vom Metzger zerhacken lassen)
Zucker
1 Lorbeerblatt
5 Pfefferkörner
4 Pimentkörner
2 Wacholderbeeren
2 Nelken
4 Kalbskoteletts
2 Eiweiß
100 ml halbtrockener Sherry
2 Eier
2 Gewürzgurken
½ Paprikaschote
evtl. etwas gekörnte Brühe
Salz

Egal ob Schinkensülze in Bremen, Knöcherlsülze in Bayern oder Bratensülze in Schwaben: Selbst gemacht ist sie eine Delikatesse, die man heute kaum mehr bekommt. Denn Sülze selbst herzustellen ist aufwendig und zeitraubend. Deshalb greifen immer mehr Menschen zu Fertigprodukten. Die Zwiebel schälen und halbieren. Die Knoblauchzehe schälen. Die Möhre waschen und putzen, den Sellerie schälen. Den Lauch putzen, längs aufschneiden und unter fließendem Wasser abbrausen. Die Petersilie waschen und trocken schütteln. Die Kalbsfüße kalt abbrausen, Knochensplitter entfernen.

Einen Topf erhitzen, die Zwiebel mit der Schnittfläche nach unten darin anbräunen, herausnehmen. Den Boden des Topfes mit Zucker bestreuen, hellgelb karamellisieren lassen. Zwiebel, Knoblauch, Möhre, Lauch, Sellerie und die Hälfte der Petersilie dazugeben. 2 l Wasser angießen, zum Kochen bringen. Die Kalbsfüße ins kochende Wasser geben, aufkochen lassen, dann die Hitze reduzieren. Die Gewürze (ohne Salz) hinzugeben und alles bei schwacher Hitze etwa 4 Stunden knapp unter dem Siedepunkt ziehen lassen, dabei immer wieder den aufsteigenden Schaum abschöpfen.

Nach dieser Zeit die Kalbsfüße entfernen. Die Brühe salzen, die Kalbskoteletts hinzufügen und etwa 30 Minuten ziehen, aber nicht kochen lassen (sonst wird das Fleisch hart). Dann die Koteletts herausnehmen. Die Brühe durch ein Sieb gießen und etwas abkühlen lassen, bei Bedarf entfetten. Die Eiweiße etwas aufschlagen. Die Brühe nochmals langsam erhitzen, die Eiweiße hineingeben und den aufsteigenden Schaum abschöpfen. Anschließend eventuell durch einen Mulltuch seihen. Den Sherry unterrühren und nochmals aufkochen lassen, etwas reduzieren und nach Belieben nachwürzen – sie soll im Geschmack sehr intensiv sein. 2–3 EL Brühe auf einen Teller geben und in den Kühlschrank stellen. Die Eier in etwa 10 Minuten hart kochen, dann kalt abschrecken, schälen und in Scheiben schneiden. Die Gewürzgurken halbieren und in Fächer schneiden. Die Paprika waschen, von den Kernen und den weißen Trennhäuten befreien und in Würfelchen schneiden.

Die Brühe aus dem Kühlschrank nehmen und überprüfen, ob sie geliert ist. In 4 Suppenteller etwa 1 cm hoch Fleischbrühe füllen, im Kühlschrank gelieren lassen. Die Kalbskoteletts von den Knochen befreien. Auf der

gelierten Sülze mit Eischeiben, Gurke, Petersilienblättchen und Paprika
anrichten. Fleischbrühe darüber gießen und gelieren lassen.

Tipp: Sollte die Fleischbrühe nicht genug gelieren, muss man mit Gelatine
nachhelfen. Sie müssen selbst entscheiden, wie viel Blätter sie zufügen
müssen. In der Regel reicht aber die angegebene Menge an Knochen aus.
Durch das Gelieren verliert die Brühe Geschmack. Also bitte immer kräftig
würzen. Salz immer erst dazugeben, wenn der Knochen ausgekocht ist.
Das Salz löst nämlich eventuell vorhandenes Blei.

Rippchen mit Sauerkraut

Diese Spezialität aus Hessen schmeckt vor allem zum Bier.
Das Suppengrün waschen und putzen, das Gemüse zerkleinern. Die Zwiebeln schälen und halbieren. Die Lorbeerblätter mit den Nelken an den
Zwiebelhälften feststecken. Einen Topf erhitzen, die halbierten Zwiebeln
mit der Schnittfläche nach unten hineinsetzen und hellbraun anbraten.
Das Suppengrün und ½ l Wasser dazugeben und alles etwa 10 Minuten kochen lassen. Die Rippchen hinzufügen und so viel Wasser angießen, dass
die Rippchen gerade bedeckt sind. Knapp unter dem Siedepunkt etwa
20 Minuten ziehen lassen. Die Rippchen in der Flüssigkeit warm halten.
Für das Kraut den Speck in kleine Würfel schneiden. Die Zwiebel schälen
und fein hacken. Das Schmalz in einem Topf erhitzen, Speck- und Zwiebelwürfel darin glasig dünsten. Den Zucker dazugeben und hellgelb karamellisieren. Das Kraut zerpflücken und hinzufügen, den Wein angießen.
Die Gewürze in ein Teeei füllen und ins Kraut geben, alles etwa 20 Minuten kochen lassen. Die Kartoffel schälen und ins Kraut reiben, weitere
10 Minuten köcheln lassen. Die Rippchen im Kraut erhitzen.

für 4 Personen

für die Rippchen
1 Bund Suppengrün
2 Zwiebeln
**800 g gepökeltes Schweine-Rippen-
stück (in Stücke gehackt)**
2 Nelken
2 Lorbeerblätter

für das Kraut
150 g magerer Räucherspeck
1 Zwiebel
40 g Schweineschmalz
1 EL Zucker
1 große Dose Weinsauerkraut
½ l Weißwein
1 Kartoffel
5 Wacholderbeeren
6 Pfefferkörner
2 Lorbeerblätter

Zwiebelkuchen

für 1 Blech (36 x 40 cm)

für den Teig
250 g Mehl
½ Würfel Hefe
1 Prise Zucker
⅛ l lauwarmes Wasser
1 Ei
5 EL Öl
Mehl zum Ausrollen

für den Belag
1 kg Zwiebeln
100 g magerer Speck
5 EL Sonnenblumenöl
200 g Schmand
1 Ei
1 TL Kümmel
Salz, Pfeffer

Für den Teig das Mehl in eine Schüssel sieben und in die Mitte eine Vertiefung drücken. Die Hefe hineinbröckeln und mit dem Zucker bestreuen. Etwas Wasser hinzufügen und die Hefe mit etwas Mehl und dem Wasser verrühren. Den Vorteig an einem warmen Ort zugedeckt etwa 15 Minuten gehen lassen.

Das Ei, das Öl und das restliche Wasser zum Vorteig geben und alles mit den Knethaken des Handrührgerätes zu einem geschmeidigen Teig verkneten. Den Teig zugedeckt erneut etwa 30 Minuten gehen lassen. Inzwischen die Zwiebeln schälen und in Halbringe schneiden. Den Speck von Schwarte und Knorpeln befreien und in kleine Würfel schneiden. Die Speckwürfel in einer Pfanne ohne Fett rösten, dann herausnehmen und beiseite stellen. Das Öl in der Pfanne erhitzen, die Zwiebeln darin weich dünsten und beiseite stellen.

Den Backofen auf 200 °C vorheizen. Den Teig auf wenig Mehl in Größe des Blechs ausrollen. Das Backblech mit Backpapier auslegen und den Teig darauf legen. Die Zwiebeln mit dem Speck, dem Schmand und dem Ei mischen, mit Salz, Pfeffer und Kümmel würzen.

Den Kuchen im Backofen (Mitte) etwa 45 Minuten backen. Den fertigen Kuchen herausnehmen, in Stücke schneiden und in Alufolie verpackt mitnehmen. So hält er sich noch eine Weile warm, aber der Zwiebelkuchen schmeckt auch kalt hervorragend.

Tipp: Zu diesem Kuchen trinkt man traditionell neuen Wein, aber Vorsicht, die Mischung ist explosiv!

Variante: Für eine Dinnete oder Dinni (Spezialität in Schwaben und Baden) wird der Hefeteig ohne Ei hergestellt – man sollte ihn dann etwas länger gehen lassen. Der Belag besteht aus 3–4 Zwiebeln, 150 g Speckwürfelchen, 200 g Schmand oder saurer Sahne und 1 EL Kümmel. Gebacken wird die Dinnete etwa 30 Minuten.

Kastenpickert

für 1 Kastenform (28 cm)
1 kg mehlig kochende Kartoffeln
150 g Rosinen
100 ml Weißwein oder Apfelsaft
500 g Mehl
30 g Hefe
2 EL Zucker
¼ l Milch
2 Eier
Salz
Butter- oder Schweineschmalz und
Semmelbrösel für die Form
Butter und Rübenkraut zum
Bestreichen

Dieses Gebäck kennt man in Nordrhein-Westfalen und Rheinland-Pfalz. Es gehört, wie so viele regionale Spezialitäten, zur „Arme-Leute-Küche". Bereitet man den Kastenpickert ohne Rosinen zu, wird er gerne mit gebratenen Leberwurstscheiben belegt.

Die Kartoffeln waschen, schälen, fein reiben und in einem Sieb abtropfen lassen. Die Rosinen waschen und im Apfelsaft quellen lassen.

Das Mehl in eine Schüssel sieben und eine Vertiefung hineindrücken. Die Hefe hineinbröckeln und mit etwas Zucker bestreuen. Die Milch erwärmen und etwas davon zur Hefe gießen. Diese mit der Milch und etwas Mehl verrühren. Die Schüssel mit einem Tuch bedecken und den Vorteig an einem warmen Ort etwa 15 Minuten gehen lassen.

Die Kartoffeln in ein Tuch geben und auspressen. Die Rosinen abtropfen lassen, mit Küchenpapier trocknen und in Mehl wenden. Die restliche Milch, Eier, 1 Prise Salz, Kartoffeln und Rosinen zum Vorteig geben und alles zu einem geschmeidigen Teig verkneten, zugedeckt weitere 50 Minuten gehen lassen.

Eine Kastenform mit Butterschmalz ausstreichen und mit Semmelbröseln ausstreuen. Den Backofen auf 200 °C vorheizen. Den Teig in die Form füllen und im Backofen etwa 40 Minuten backen.

Die Temperatur auf 180 °C reduzieren. Den Kuchen mit Alufolie oder Backpapier abdecken und weitere 30 Minuten backen. Den fertigen Kuchen in der Form etwas abkühlen lassen, dann stürzen und völlig auskühlen lassen.

Den Pickert in Scheiben schneiden, anschließend toasten oder in etwas Butter in der Pfanne braten. Mit Butter und Rübenkraut bestreichen.

Heurigensalat

für 4 Personen
300 g fest kochende Kartoffeln
2 Eier
1 Bund Frühlingszwiebeln
je 1 rote und 1 gelbe Paprikaschote
10 Cherrystrauchtomaten
3 Gewürzgurken
250 g gekochte Ochsenbrust
200 g Lyoner (in Scheiben)
3 EL Fleischbrühe
2 EL Weißweinessig
4 EL Sonnenblumenöl
½ TL Zucker

Diese Spezialität aus Österreich schmeckt natürlich zum Heurigen, aber auch zum Bier! Reichen Sie dazu frisch gebackenes Landbrot.

Die Kartoffeln waschen, in einen Topf geben, mit Wasser bedecken und in etwa 30 Minuten gar kochen. Dann abgießen, kalt abschrecken und auskühlen lassen. Bis zum nächsten Tag im Kühlschrank lagern.

Die Eier in etwa 10 Minuten hart kochen, dann abgießen und kalt abschrecken. Die Frühlingszwiebeln waschen, putzen und in feine Ringe schneiden. Die Paprikaschoten waschen und vierteln, dabei von den Stielansätzen, den weißen Trennwänden und den Kernen befreien. Die Schotenviertel in feine Streifen schneiden.

Die Tomaten waschen und halbieren oder vierteln. Das Fleisch in dünne Scheiben, dann in feine Streifen schneiden. Die Lyoner ebenfalls in feine Streifen schneiden. Die Kartoffeln schälen und würfeln. Die Eier schälen und in Würfel schneiden. Die vorbereiteten Zutaten in eine Schüssel geben. Die Fleischbrühe mit dem Essig, dem Öl, Salz und Zucker verrühren. Das Dressing über die vorbereiteten Zutaten in der Schüssel geben und alles locker vermengen. Den Salat vor dem Servieren im Kühlschrank 2–3 Stunden durchziehen lassen.

Harzer Käse-Brot

für 4 Personen
1 Knoblauchzehe
300 g Harzer Käse
1 Bund Frühlingszwiebeln
1 EL Olivenöl
2 EL süßer Senf
8 Scheiben Vollkornbrot

Zu diesem würzigen Imbiss aus Hessen passt ein leichter Rotwein oder gekühlter Apfelwein.

Den Knoblauch schälen und halbieren. Den Käse in Scheiben schneiden. Die Frühlingszwiebeln waschen, putzen und fein hacken.

Das Vollkornbrot toasten und die Scheiben mit der Knoblauchzehe einreiben. Olivenöl und Senf mischen und die Brotscheiben damit bestreichen. Den Käse in dünne Scheiben schneiden, die Brote damit belegen und mit den Frühlingszwiebeln bestreuen.

Hefeknöpfla mit Kraut (Hefeklößchen mit Kraut)

für den Teig
250 g Mehl
½ Würfel frische Hefe
1 Prise Zucker
⅛ l lauwarme Milch
1 Ei
50 g flüssige Butter
Salz

für das Sauerkraut
100 g durchwachsener Räucherspeck
1 Zwiebel
50 g Butterschmalz
800 g Sauerkraut
200 ml trockener Weißwein
4–5 Wacholderbeeren
1 Lorbeerblatt
4–5 Pfefferkörner
1 TL Kümmel
Salz, Zucker

Das Mehl in eine Schüssel sieben und in die Mitte eine Mulde drücken. Die Hefe hineinbröckeln, mit dem Zucker bestreuen und mit der Milch begießen. Mit etwas Mehl zu einem Vorteig verrühren und diesen zugedeckt an einem warmen Ort etwa 20 Minuten gehen lassen.

Dann das Ei, die Butter und 1 Prise Salz dazugeben und alles zu einem glatten Teig verkneten. Den Teig zugedeckt etwa 30 Minuten ruhen lassen. Inzwischen für das Sauerkraut den Speck fein würfeln. Die Zwiebel schälen und in feine Würfel schneiden. Das Butterschmalz in einem großen Topf erhitzen. Den Speck und die Zwiebelwürfel darin einige Minuten bei schwacher Hitze andünsten.

Das Sauerkraut grob zerpflücken, hinzufügen und kurz mitdünsten lassen, den Weißwein angießen. Die Wacholderbeeren, das Lorbeerblatt, die Pfefferkörner und den Kümmel dazugeben und alles kräftig durchrühren. Mit Salz und etwas Zucker würzen. Das Sauerkraut zugedeckt etwa 1 Stunde bei schwacher Hitze schmoren lassen.

Während das Kraut gart, den Hefeteig auf einer bemehlten Arbeitsfläche nochmals durchkneten. Mit einem Teelöffel etwa 24 Klößchen abstechen. Auf ein bemehltes Brett legen und zugedeckt etwa 30 Minuten ruhen lassen.

Salzwasser in einem breiten Topf zum Kochen bringen. Die Knöpfle darin in etwa 15 Minuten bei schwacher Hitze gar ziehen lassen.

Das Sauerkraut nach Geschmack mit Kümmel und Salz nachwürzen und auf vorgewärmte Teller verteilen. Die Hefeknöpfle darauf anrichten.

Schweizer Fleischpastetchen

für 4–6 Personen
300 g fertiger Blätterteig
1 Brötchen vom Vortag
120 ml Milch
1 Bund Petersilie
1 Zwiebel
100 g Egerlinge
2 EL Öl
½ TL getrockneter Majoran
2 EL Sahne
150 g Schweinehackfleisch
200 g Rinderhackfleisch
2 Eier
Salz, Pfeffer

Das Brötchen in feine Scheiben schneiden. 100 ml Milch erhitzen, das Brötchen damit übergießen und quellen lassen. Die Petersilie waschen, trocken schütteln und die Blättchen fein hacken. Die Zwiebel schälen und fein hacken. Die Pilze putzen und ebenfalls fein hacken. Das Öl in einer Pfanne erhitzen. Zwiebeln und Petersilie darin andünsten, Pilze und Majoran hinzufügen und kurz mitdünsten. Die Sahne unterrühren und die Mischung beiseite stellen. Das Fleisch mit 1 Ei und dem ausgedrückten Brötchen vermengen. Die Pilzmischung unterrühren, mit Salz und Pfeffer würzen. Den Blätterteig auf eine Arbeitsfläche geben und in etwa 10 cm große Quadrate schneiden (oder bereits geschnittene Teigquadrate nehmen). Den Backofen auf 200 °C vorheizen. Ein Backblech mit Backpapier auslegen. Etwas Füllung auf die Blätterteigquadrate geben und diese diagonal zusammenfalten, sodass Dreiecke entstehen. Die Ränder mit einer Gabel festdrücken. Das Ei trennen. Das Eigelb mit der restlichen Milch verrühren. Die Pastetchen damit bestreichen und im Backofen etwa 20 Minuten backen. Sie schmecken warm oder kalt zu einem Glas Wein.

Blaue Zipfel

für 4 Personen
ca. 800 g rohe Schweinsbratwürste
4 Zwiebeln, 2 Möhren
2 EL Sonnenblumenöl
100 ml Weißweinessig
¼ l Weißwein
5 Pfefferkörner
5 Wacholderbeeren, 1 Lorbeerblatt
1 Nelke, 1 TL Senfkörner
Salz

Für diese saure Spezialität aus der Weinregion Franken gibt es zahlreiche Rezepte. Immer mit dabei sind aber Zwiebeln und die Hauptdarsteller: die rohen Schweinsbratwürste.

Die Zwiebeln schälen und in feine Ringe schneiden. Die Möhren schälen und in Scheiben schneiden. Das Sonnenblumenöl in einem Topf erhitzen, Zwiebeln und Möhren darin unter Rühren andünsten. Essig, Wein und ½ l Wasser angießen und alles zum Kochen bringen. Die Gewürze hinzufügen und alles bei mittlerer Hitze 15 Minuten ziehen lassen. Den Sud salzen, die Würste hineingeben und in etwa 15 Minuten gar ziehen lassen. Die Würste mit dem Sud in Suppentellern anrichten. Frisches Bauernbrot dazu reichen.

Süße Detscher

für 4 Personen
1 kg mehlig kochende Kartoffeln
2 Eier
120 g Mehl
1 EL Speisestärke
Mehl zum Ausrollen
Butterschmalz zum Backen
100 g Butter zum Bestreichen
60 g Zucker zum Bestreuen
Salz

Die Thüringer Detscher schmecken frisch aus der Pfanne am besten. Dazu trinkt man eine Tasse Kaffee.

Die Kartoffeln waschen, in einen Topf geben, mit Wasser bedecken und in etwa 30 Minuten weich kochen. Dann abgießen, kalt abschrecken und ausdampfen lassen. Noch heiß pellen und durch eine Kartoffelpresse in eine Schüssel drücken. Mit den Eiern, Mehl, Speisestärke und 1 Prise Salz vermengen. Der Teig sollte formbar sein und nicht kleben.

Den Teig auf bemehlter Fläche etwa 2 cm dick ausrollen und in Quadrate schneiden. Etwas Butterschmalz in einer beschichteten Pfanne zerlassen und die Kartoffeldetscher darin von beiden Seiten backen. Herausnehmen und nebeneinander auf eine Platte legen.

Die Butter in einem Topf zerlassen und die Detscher damit bestreichen, den Zucker darüber streuen.

Förtchen

für 6–8 Personen
100 g Dinkelvollkornmehl
130 g Weizenmehl mit Keimen
½ Würfel frische Hefe
1 EL Zucker
300 ml Milch
1 unbehandelte Zitrone
1 Päckchen Bourbon-Vanillezucker
3 Eier
Fett zum Ausbacken
Puderzucker zum Bestäuben
Salz

Diese süßen Hefeküchlein liebt man in Norddeutschland. Sie werden in einer Mischung aus Butterschmalz und Schweinefett ausgebacken, das gibt ihnen einen ganz eigenen Geschmack.

Das Mehl in eine Schüssel geben und eine Vertiefung hineindrücken. Die Hefe hineinbröckeln. 1 TL Zucker darüber streuen. Die Milch erwärmen und etwa ein Drittel davon zur Hefe geben. Diese mit etwas Mehl verrühren. Die Schüssel mit einem Tuch bedecken und den Vorteig an einem warmen Ort etwa 15 Minuten gehen lassen.

Die Zitrone heiß abwaschen und trocken reiben, die Schale fein abreiben. 1 TL Schale, Vanillezucker, 1 Prise Salz und die Eier zum Vorteig geben und alles zu einem glatten Teig verrühren. Den Teig zugedeckt weitere 50 Minuten an einem warmen Ort gehen lassen. Butterschmalz in einer großen Pfanne zerlassen. Drei oder vier Schöpflöffel Teig in die Pfanne geben und die Teigtaler darin von beiden Seiten goldgelb ausbacken.

Pfitzauf

für etwa 12 Stück
300 g Mehl
130 g zerlassene Butter
Zucker
½ l warme Milch
4 Eier
Puderzucker
Salz

Den Backofen auf 220 °C vorheizen. Eine Pfitzaufform oder kleine feuerfeste Förmchen (etwa 8 cm ø) großzügig mit zerlassener Butter ausstreichen und mit Zucker ausstreuen.

Das Mehl in eine Schüssel sieben. Salz, Milch, Eier und die restliche Butter mit den Schneebesen des Handrührgerätes unter das Mehl rühren.

Die Pfitzaufform oder die kleinen Förmchen je zu etwa ¾ mit Teig füllen. Den Pfitzauf im Backofen (Mitte) etwa 30 Minuten backen.

Das fertige Gebäck mit einem spitzen Messer aus der Form lösen, dann stürzen. Den Pfitzauf mit Puderzucker bestäuben und noch heiß servieren. Dazu passt Apfel-, Kirsch- oder Zwetschgenkompott.

Auszogene

für etwa 12 Stück
500 g Mehl
1 unbehandelte Zitrone
½ Würfel frische Hefe
¼ l Milch
Zucker
2 Eier
1 Prise Salz
Fett zum Ausbacken
Puderzucker

Sie heißen auch Schmalz- oder Kirchweihnudeln, weil sie traditionell zur Kirchweih zubereitet wurden. Auszogene heißen sie in Bayern, weil die Hausfrauen den Teig früher über dem Knie in Form gezogen haben.

Die Zitrone heiß abwaschen und trocknen, die Schale fein abreiben. Das Mehl in eine Schüssel geben, eine Vertiefung hineindrücken und die Hefe hineinbröckeln. Die Milch erwärmen. 1 TL Zucker über die Hefe streuen, etwas Milch dazugeben und die Hefe mit der Milch und etwas Mehl verrühren. Die Schüssel abdecken und den Vorteig an einem warmen Ort etwa 15 Minuten gehen lassen.

Die restliche Milch, 2 EL Zucker und 1 TL Zitronenschale in die Schüssel geben, die Eier und das Salz hinzufügen und alles mit den Knethaken des Handrührgerätes zu einem elastischen Teig verarbeiten. Die Schüssel wieder abdecken und den Teig an einem warmen Ort etwa 1 Stunde gehen lassen.

Dann auf bemehlter Fläche nochmals kurz durchkneten und in 12 gleiche Portionen teilen. Die Teigportionen rund ausziehen – sie sollen in der Mitte dünn, am Rand dick sein.

Reichlich Fett (Butterschmalz oder geschmacksneutrales Öl) in einem Topf erhitzen. Die Küchlein darin nacheinander goldbraun ausbacken, dann herausnehmen und auf Küchenpapier abtropfen lassen. Vor dem Servieren mit Puderzucker bestäuben. Die Hefeküchlein müssen unbedingt frisch gegessen werden.

Bildnachweis

Carsten Bothe
S. 37, 39, 41

Fotolia
S. 5 alle außer unten re, 13, 14, 15, 19, 21, 67 oben li, unten re, 125

istock
U4 mitte, S. 5 unten re, 66 unten re, 102 unten re, 120 oben li, oben re, 121 oben re, 162

Look
S. 34

Shotshop
S. 17

Alle anderen Bilder: Stockfood

Mit freundlicher Unterstützung von

ISBN 978-3-9813104-7-4

Gestaltung und Satz: Paxmann text • konzept • grafik, München

Alle Rezepte dieses Buches wurden mit Sorgfalt zusammengestellt und überprüft.
Eine Garantie kann jedoch nicht übernommen werden.

Alle Rechte vorbehalten. Die Verwertung der Texte und Bilder, auch auszugsweise, ist ohne
Zustimmung des Verlages urheberrechtswidrig und strafbar. Dies gilt auch für Vervielfältigungen,
Übersetzungen, Mikroverfilmungen und für die Verarbeitung mit elektronischen Systemen.

Copyright © 2011 Verlags- und Vertriebsgesellschaft Dort- Hagenhausen Verlag- UG & Co. KG, München

Printed in Italy 2011

Verlagswebsite: www.d-hverlag.de
Themenwebsite: www.aus-liebe-zum-landleben.de